AF192084

Johannes Bartels

Höhenflüge und Bruchlandungen

Das Beste aus meinem Leben

Bibliografische Information der Deutschen Nationalbibliothek: Die Deutsche Nationalbibliothek verzeichnet diese Publikation in der Deutschen Nationalbibliografie; detaillierte bibliografische Daten sind im Internet über dnb.dnb.de abrufbar.

Die automatisierte Analyse des Werkes, um daraus Informationen insbesondere über Muster, Trends und Korrelationen gemäß §44b UrhG („Text und Data Mining") zu gewinnen, ist untersagt.

© Johannes Bartels 2025

Verlag: BoD · Books on Demand GmbH, In de Tarpen 42, 22848 Norderstedt, bod@bod.de

Druck: Libri Plureos GmbH, Friedensallee 273, 22763 Hamburg

ISBN: 978-3-8423-4638-3

Für das Team des Landesjugendpfarramts

Ohne euch hätte es dieses Buch nie gegeben!

Inhalt

Plank Stories – Kurze Geschichten gegen lange Weile

An meinem geliebten Arbeitsplatz, dem Landesjugendpfarramt Dresden, gibt es einmal pro Woche eine Sportstunde – für die Schreibtischtäter „mit Rücken" bzw. zur Vorbeugung, so dass es gar nicht erst so weit kommt. Da werden dann im Sitzungszimmer die Tische zur Seite gestellt und die Gymnastikmatten ausgerollt, und dann kommt ein Fitnesstrainer – bzw. in den meisten Fällen eine Fitnesstrainerin – ins Haus, und los geht's.

Eine der fiesesten Übungen ist der Plank, der Unterarmstütz. Mit dem Plank, dieser Königsdisziplin und Mutter aller Übungen für den Muskelaufbau, werden gleichzeitig Rumpf-, Rücken-, Bein-, Hüft-, Schulter-, Brust- und Gesäßmuskulatur gestärkt. Das hat jedoch seinen Preis: Der Plank ist anstrengend. Philipp, unser erster Trainer, war ganz versessen auf den Plank: Er ließ uns in dieser Position immer zunächst 90 Sekunden und später noch einmal 60 Sekunden verharren. 90 Sekunden, das ist ja eigentlich keine lange Zeit. Wenn man aber auf die Unterarme gestützt spürt, wie sämtliche Rumpf-, Rücken-, Bein-, Hüft-, Schulter-, Brust- und Gesäßmuskeln restlos überfordert sind, dann wird aus 90

Sekunden eine gefühlte Ewigkeit! Wir hassten die Übung!

Eines Tages erzählte Bianka, die Kollegin aus der Buchhaltung, während des Planks etwas Witziges. Wir hörten gebannt zu – und waren dann regelrecht überrascht, als die 90 Sekunden vorbei waren. Die Zeit war viel schneller vergangen als sonst! Und genau das war ihre Absicht gewesen, wie sie erklärte: Sie habe sich die Geschichte extra für den Plank aufgehoben.

In der Woche darauf wusste ich eine Geschichte zu erzählen. Und wieder war der Effekt der, dass die Zeit schneller verging. Von da an bereitete ich mich Woche für Woche darauf vor, eine Geschichte zu erzählen. Die Kolleginnen und Kollegen warteten bald schon darauf. Und zu meiner eigenen Überraschung gingen sie mir nicht aus, die Geschichten – nennen wir sie „Plank Stories"! Es waren oft Geschichten von irgendwelchen Missgeschicken – davon hatten sich in meinem Leben eine ganze Reihe angesammelt.

Manche dieser Bruchlandungen hatten ein Happy End, und so ergab sich noch ein zweites Thema: Sternstunden – oder, um im Bild zu bleiben: Höhenflüge. Auch davon gab (und gibt) es in meinem Leben einige, manche auch ganz ohne vorherige Bruchlandung.

Nach einigen Wochen hatte ich ein festes Amt: das des Geschichtenerzählers. Nicht immer reichten die 90 Sekunden aus. Dann entstand die absurde Situation, dass manche schon auf den zweiten Plank warteten, um das Ende zu erfahren!

Irgendwann fing ich an, Buch zu führen, damit ich nicht eine Geschichte aus Versehen doppelt erzähle. Und wenn man einmal Buch führt, ist der Weg zum Buch nicht weit – Sie halten es gerade in den Händen. Ohne Ausnahme handelt es sich bei diesen Anekdoten um wahre Begebenheiten, die ich so erlebt hatte, wie sie geschrieben stehen.

Als die Kollegin Mirjam das Landesjugendpfarramt vor einigen Jahren verließ, dichtete sie für jeden von uns zum Abschied ein paar Zeilen. Die Zeilen für mich begannen so:

> Lieber Johannes,
> ich höre dir so gerne zu,
> denn ganz in der Ruh
> und manchmal vielleicht auch mit ein bisschen Schmu
> kannst du Geschichten erzählen, mit dem gewissen Clou.

Also das mit dem Schmu, das muss ich natürlich zurückweisen! Das kommt höchstens manchmal vor, vielleicht… und wenn, dann geschieht das ausschließlich zum Zweck der Unterhaltung. In diesem Sinne: gute Unterhaltung!

Herzlicher Dank

Ich danke den Kolleginnen und Kollegen im Landesjugendpfarramt Dresden, ohne die es dieses Buch nie gegeben hätte.

Meiner lieben Frau Doris danke ich für das – wie immer – sorgfältige Korrekturlesen.

Pirna, den 9. Februar 2025

Dumm gelaufen –
Spuren im Schnee

Es war Winter und die Welt von Schnee bedeckt. Wir hatten Besuch von meinen Stuttgarter Cousins. Auch der Rest der Familie war da, aber für mich waren vor allem die Cousins interessant. Sie waren ein paar Jahre älter als ich, schon richtige Jugendliche, und in ihrer Gegenwart fühlte ich mich selbst gleich ein bisschen größer. Mit ihnen zog ich durch die Nachbarschaft. Dabei flogen natürlich die Schneebälle nur so durch die Luft. Irgendwann landete einer dieser Schneebälle an einem Fenster. Es gab einen ziemlichen Schlag, doch die Scheibe blieb ganz, Gott sei Dank, und wir suchten das Weite. Nach ein paar Hundert Metern wähnten wir uns in Sicherheit und warteten ab, was geschehen würde. Es passierte erst mal nichts.

Dann aber, als wir schon kaum noch damit gerechnet hatten, kam plötzlich ein Mann angerannt. Er war ziemlich schnell unterwegs, auf jeden Fall schneller als ich mit meinen kurzen Beinen. Eine Verfolgungsjagd würde ich wohl verlieren, zumal ich von uns dreien der Langsamste war. In meiner Verzweiflung versteckte ich mich hinter einer Hecke.

Doch im frischen Schnee ist das mit dem Verstecken keine so gute Idee. Die Spuren führten den Mann direkt zu mir. Dumm gelaufen – im wahrsten Sinne des Wortes! Der Mann zog mich aus meinem Versteck und hielt mir eine Standpauke, die sich gewaschen hatte. Kein Wunder, dass er aufgebracht war, denn hinter dem Fenster hatte sein Kind geschlafen, das durch den Schneeball fast zu Tode erschrocken war. Und überhaupt: Das Fenster hätte auch zu Bruch gehen können, und dann hätte ja noch viel Schlimmeres passieren können. Ob wir denn von allen guten Geistern verlassen seien! Die Sache werde natürlich ein Nachspiel haben, und so weiter.

So lernte ich das Prinzip „Mitgehangen – mitgefangen".

Meine Cousins erwiesen sich übrigens als fair: Sie kamen zurück und bekannten sich zu der Tat – wofür ich ihnen außerordentlich dankbar war.

Wenn das Runde im Runden landet

Ich wuchs in unmittelbarer Nachbarschaft einer Kirche auf. Das war praktisch: Man wusste auch ohne Uhr, wann es Zeit war, zum Abendessen nach Hause zu gehen: dann nämlich, wenn die Glocken zum Abendläuten erklangen. Außerdem konnte man auf dem Platz vor der Kirche schön spielen. Fußball zum Beispiel.

Ich war wohl kein großer Fußballer. Vor allem war ich nicht besonders treffsicher. Jedenfalls war es nicht meine Absicht gewesen, als ich eines Tages das Runde nicht im Eckigen versenkte, sondern im Runden – und zwar in der Buntglas-Rosette über dem Hauptportal, die daraufhin klirrend zu Bruch ging. Auweia! Wie hatte das bloß passieren können? Hatte ich denn wirklich so fest geschossen? Und kann man so ein Kirchenfenster überhaupt reparieren? Und vor allem: Wie kann ich das wiedergutmachen? Mit meinem bisschen Ersparten würde ich wohl nicht weit kommen, wie ich ahnte.

Das Erstaunliche war: Ich brauchte es gar nicht wiedergutmachen. Die Haftpflichtversicherung bezahlte den Schaden, und offenbar fand sich auch eine geeignete Glaserei. Jedenfalls sah das Fenster bald wieder aus wie neu.

Im Nachhinein beeindruckt mich am meisten, dass weder der Pfarrer noch meine Eltern ausgerastet sind. Es wäre auch gar nicht nötig gewesen. Jedenfalls habe ich den Kirchplatz von Stund' an nur noch ohne Fußball betreten.

Die andere Backe –
Schlägerei im Freibad

Ich war wohl 12 oder 13, als ich im Freibad in eine handfeste Schlägerei verwickelt wurde. Ich war damals ganz wild darauf, vom 10-Meter-Sprungturm zu springen, über den das Geisweider Freibad verfügt. Da war ich jedoch nicht der einzige. Stets war der Andrang am Turm groß – und oft auch die Drängelei.

So auch an jenem Tag, den ich nicht vergessen werde. Ich stand in der Schlange vor dem Turm, da kam eine Gruppe Jungs mit türkischen Wurzeln angestürmt, die sich nicht anstellen wollten. Das passte mir nun überhaupt nicht. Und so schimpfte ich mit jenem Pseudo-Dialekt, den wir manchmal gebrauchten, wenn wir uns über unsere Mitbürger mit Migrationshintergrund lustig machten: „Vordrängeln nix gut!"

Einer der Jungs, offensichtlich der Anführer der Gruppe, der bereits auf der Leiter stand, drehte sich drohend um und fragte: „Was hast du gesagt?" Mir rutschte das Herz in die Hose, denn die anderen waren eindeutig in der Überzahl. Kleinlaut versuchte ich zu beschwichtigen: „Ach nichts." Doch der andere ließ nicht locker und fragte erneut: „Was hast du gesagt?" Ich blieb ihm die Antwort schuldig, doch einer aus der Gruppe, der neben mir stand, sagte: „Scheiß-Kanaken hat er gesagt." Der Anführer funkelte mich von der Leiter herab an – und kam wieder herunter! Jetzt bekam ich es richtig mit der Angst zu tun. In meiner Panik sprang ich ins Wasser. Wild kraulend gelangte ich bis zum anderen Ende des Beckens. Dort jedoch wurde ich schon erwartet. Also kehrte ich um und schwamm zurück. Als ich mich wieder dem Beckenrand näherte, an dem meine Flucht begonnen hatte, war mir klar, dass sie zu Ende war. Denn auch hier wurde ich bereits erwartet. Eine Fortsetzung der Flucht war aussichtslos: Es war ein Hase-und-Igel-Spiel, das ich nicht mehr lange durchhalten würde. Angriffslustig forderte der Anführer mich auf, herauszukommen.

Was macht man da? Wie gesagt: Gegen diese Übermacht war jeder Widerstand zwecklos. Es hätte die Sache nur umso schlimmer gemacht.

In diesem Moment ging mir das Jesuswort durch den Kopf: „Wenn dich jemand auf die rechte Backe schlägt, dann halte ihm auch deine andere Backe hin!" (Matthäus 5,39) Sollte das die Lösung sein? Einen Versuch war es wert.

Dann fing der Anführer an, auf mich einzuprügeln. Ich hielt ihm zwar nicht gerade die andere Backe hin, doch ich wehrte mich auch nicht. Das schien ihn nicht sonderlich zu beeindrucken. Jedenfalls musste ich weitere Schläge einstecken. Irgendwann ging ich zu Boden. Er traktierte mich weiter, angefeuert durch seine Freunde.

Dann tauchte der Bademeister auf, Gott sei Dank! Ich war gerettet. Wie ich nach Hause kam, weiß ich nicht mehr. Aber was sich mir eingebrannt hat, waren die Hetzjagd und die Schläge.

Ist meine Strategie nun eigentlich aufgegangen?

Zum Teil, würde ich sagen. Vermutlich hätte ich noch mehr Schläge einstecken müssen, wenn ich mich gewehrt hätte. Aber es ist schade, dass ich es nicht doch fertiggebracht habe, dem Schläger tatsächlich meine andere Backe hinzuhalten. Vielleicht hätte das den entscheidenden Unterschied gemacht und ich wäre ungeschoren davongekommen.

Auf einen erneuten Versuch möchte ich es allerdings lieber nicht ankommen lassen.

Spiel mit dem Feuer

Warum bloß übt Feuer so eine magische Anziehung auf Jungs aus? Ich weiß es nicht. Ich weiß nur: Auch mich hat die Magie des Feuers in ihren Bann gezogen. In meinem Schulfreund A. fand ich einen Gleichgesinnten. Er hatte auch die nötigen Feuerzeuge – feine Feuerzeuge mit Lederetui, die er gelegentlich in der Schule verscherbelte. Woher er die hatte, wusste keiner so genau. Und so genau wollten wir es auch gar nicht wissen. Denn wir ahnten, dass damit etwas nicht stimmte.

Wie auch immer, ein solches Feuerzeug war es auch, das uns beiden eines sommerlichen Nachmittages zum Verhängnis wurde. Mit seiner Hilfe setzten wir trockene Grasbüschel in Brand. Eine Zeit lang ging alles gut. Natürlich traten wir das Feuer bald wieder aus. Die Herausforderung bestand nun darin, das Austreten immer weiter hinauszuzögern. Es war ein Spiel mit dem Feuer – im wahrsten Sinne des Wortes. Je länger wir die Flammen lodern ließen, desto mehr spürten wir das Adrenalin.

Doch es kam, wie es kommen musste: Irgendwann überspannten den Bogen. Plötzlich aufkommender Wind fachte das Feuer zusätzlich an. Auf einmal stand die ganze Böschung in Flammen. Das Feuer war außer Kontrolle!

Die Böschung grenzte an ein Wohngrundstück und oberhalb der Böschung stand eine Tanne. Bald brannte sie lichterloh! Doch damit nicht genug: Das Feuer sprang nun auch auf den nächsten Baum über. Entsetzt starrten wir in die Flammen – und zu dem nahen Wohnhaus. Panik erfasste uns.

Dann kam die Rettung: Herr B., ein Nachbar, kam mit Riesenschritten angerannt und schlug mit einer großen Schaufel auf die Flammen ein. Und kurz darauf kam die Feuerwehr. Geistesgegenwärtig hatte Herr B., der selbst bei der Freiwilligen Feuerwehr war, als erstes die Kollegen alarmiert. Gott sei Dank!

Ich weiß nicht mehr, wie viele Bäume es waren, die unserer Zündelei zum Opfer fielen. Wie auch immer – der Schaden war jedenfalls groß genug, um mich von der Zündelei zu heilen.

Das heißt allerdings nicht, dass ich im Umgang mit Feuer auch von Leichtsinn geheilt wäre. Doch das ist eine andere Geschichte…

Ich will nicht mehr dein Bruder sein!

Als Jugendlicher habe ich gelegentlich das Kino in Dahlbruch besucht. Dieses Kino ist ein ehemaliges Theater und hat daher ein besonderes Flair. Bei jungen Leuten war es damals ein angesagter Ort, und meistens war es gut besucht. Das war auch an jenem Abend so, an dem ich mich bis auf die Knochen blamierte.

Bis zur ersten Reihe waren fast alle Plätze belegt. Und wie immer hatten die, die in der ersten Reihe saßen, ihre Füße auf den Bühnenrand gelegt. Das wäre normalerweise auch kein Problem gewesen. An diesem Abend jedoch war es eins – für mich jedenfalls. Ich musste nämlich vor dem Film noch einmal auf Toilette, und der kürzeste Weg dorthin führte zwischen der ersten Reihe und der Bühne hindurch. Diejenigen, die es sich in der ersten Reihe bequem gemacht hatten, waren genervt, dass sie jetzt noch einmal gestört wurden. Das wollte ich ihnen und mir nicht noch ein zweites Mal antun, und so wählte ich auf dem Rückweg einen anderen Weg, und zwar *über* die Bühne! Ich hätte natürlich auch im großen Bogen hintenherum laufen können, doch in dem Moment setzte sich der allzu bequeme innere Schweinehund durch, unterstützt von der tollkühnen inneren Rampensau.

Mittlerweile lief bereits die Werbung, begleitet von allgemeinem Gemurmel. Das erstarb jedoch abrupt, als meine Silhouette vor der Leinwand auftauchte. Ich spürte, wie sämtliche Augen auf mich gerichtet waren. Und während ich über die Bühne schritt, kam mir ein irrer Gedanke: Ich würde meinen Auftritt mit einer spontanen Showeinlage krönen, indem ich ganz locker-flockig von der Bühne hüpfen und extrem cool auf meinen Platz zurückschlendern würde.

Was ich nicht ahnen konnte: An der Kante der Bühne war eine Leiste locker. Als ich nun auf die Leiste trat, gab sie nach, und ich stürzte mitsamt der Leiste krachend von der Bühne. Die atemlose Stille ging in schallendes Gelächter über. Ich berappelte mich und schlich kleinlaut auf meinen Platz zurück. Zum Glück war es dunkel!

Am nächsten Tag erzählte ich zu Hause am Mittagstisch von meinem Missgeschick. Mein Bruder, der etwas später nach Hause kam, hatte die Geschichte verpasst. Doch auch er wusste etwas zu berichten: „Stellt euch vor, was gestern in Dahlbruch passiert sein soll: Irgendein Vollidiot ist da mitten im Film über die Bühne gelaufen, grandios gestolpert und von der Bühne gepurzelt!" Meine Eltern und Geschwister grinsten wissend, ich lief rot an – und in meinem Bruder kam ein Verdacht auf: „Sag jetzt nicht, dass du das warst!" Mein Schweigen verriet ihm, dass er mit seiner Befürchtung ins Schwarze getroffen hatte. Sein verzweifelter Kommentar: „Ich will nicht mehr dein Bruder sein."

Tja, die Geschwister kann man sich nicht aussuchen. Wie auch immer – inzwischen können wir beide über diese Geschichte lachen. Und im Großen und Ganzen sind wir miteinander wohl doch ganz zufrieden.

Gestrandet –
abruptes Ende einer Tramptour

Am Ende eines Austauschjahres in den USA machte ich eine Tramptour von Chicago zur Westküste und zurück. Das funktionierte in den 80er Jahren noch ganz gut – sieht man einmal vom Ende der Tour ab…

Meine Reise führte mich durch den Mormonenstaat Utah. Auf dem Weg nach Salt Lake City nahm mich ein junger Mann mit, der erklärte, er sei froh über meine Gesellschaft, da er sehr müde sei und Angst habe, am Steuer einzuschlafen. Wir waren mehrere Stunden gemeinsam unterwegs, und ich tat alles, um ihn wach zu halten. Denn müde wirkte er tatsächlich. Manchmal half ihm nur noch, den Kopf aus dem Fenster zu halten und sich den Fahrtwind ins Gesicht wehen zu lassen. Es war aber auch nicht schwer, sich mit ihm zu unterhalten, denn er war ein interessanter Gesprächspartner. Es stellte sich heraus, dass er Mormone war, der jedoch Zweifel an einigen der mormonischen Glaubenssätze hatte. Ich selbst hatte die letzten zwei Monate in einer evangelikalen Lebensgemeinschaft verbracht, die mir viel zu extrem war, fast schon wie eine Sekte; von daher hatten wir ähnliche Themen. Ich spürte eine gewisse Verbundenheit mit dem Mann.

Es ging schon auf Mitternacht zu, als ich ihm signalisierte, dass ich mal auf Toilette müsse. Bei der nächsten Gelegenheit hielt er an einer Raststätte und ließ mich raus.

Als ich zurückkam, suchte ich das Auto vergeblich. Er war einfach weggefahren, mitsamt meinem Gepäck! Da stand ich nun, in T-Shirt und kurzen Hosen. Meine Papiere und mein Portemonnaie waren alles, was mir geblieben war. Es war kurz vor Mitternacht, und ich stand mitten in der Halbwüste von Utah, etwa eine Stunde westlich von Salt Lake City!

Das konnte doch nicht wahr sein! Wie hatte ich mich in diesem Menschen nur so täuschen können?

Das Kennzeichen hatte ich mir natürlich nicht gemerkt. Wie naiv von mir!

Ich rief die Polizei; wenn sie schnell kam, könnte man ja vielleicht die Verfolgung aufnehmen, so meine vage Hoffnung. Ich wusste, dass der Mann nach Salt Lake City wollte, und besonders schnell fuhr seine alte Kiste nicht gerade.

Doch die Polizei kam nicht schnell.

Stattdessen kam ein anderer Mann, dem meine Verzweiflung offenbar nicht entgangen war. Er drückte mir zur Beruhigung erst einmal eine Dose Bier in die Hand.

Als die Polizei endlich kam, hatte ich das Bier noch in der Hand. Was dazu führte, dass sich die Polizei mehr dafür interessierte, dass ich illegaler Weise Alkohol trank, als für meine verzweifelte Lage. Dass ich nach deutschem Recht volljährig war, spielte keine Rolle. Alkoholkonsum ist in Utah erst ab 21 erlaubt.

Ich sah mich schon im Gefängnis – als sich der Mann, der mir das Bier gegeben hatte, einschaltete. Er nahm die Schuld auf sich. Vor allem aber erklärte er, ein Bruder von ihm sei ein hohes Tier bei der Polizei, und er forderte die Polizisten auf, den Bruder anzurufen. Der Name des Bruders machte Eindruck auf die Polizisten, und so nahmen sie doch noch meine Anzeige auf. Dann aber ließen sie mich stehen und fuhren davon.

Wieder war es der Fremde, der sich meiner erbarmte. Er nahm mich mit nach Salt Lake City. Er ließ mich sogar in seinem Hotelzimmer auf dem Boden schlafen. Am Morgen jedoch setzte er mich vor die Tür – er brauche das Zimmer jetzt für ein Date.

Mir blieb nichts anderes übrig, als meine letzten Dollars in ein Ticket nach Denver zu investieren, wo ich eine Adresse hatte. Dort bekam ich ein paar abgelegte Klamotten, und auch die Heimreise nach Chicago ließ sich von da aus organisieren.

Was mir von der ganzen Geschichte am eindrücklichsten in Erinnerung bleibt, ist, wie gründlich ich mich in dem jungen Mann getäuscht hatte. Und ich frage mich, was der eigentlich mit meinem Rucksack wollte. Wenn er geglaubt hatte, dort große Schätze zu finden, so musste er enttäuscht werden. Das einzige Wertvolle war meine Kamera. Um die tat es mir besonders leid, und um die Fotos, die ich mit ihr gemacht hatte.

Doch was sind schon ein paar Fotos gegen diese Anekdote?

Böses Erwachen in New York

Zurück in Chicago wurde ich von meinem Vater besucht. Wir fuhren noch ein paar Wochen mit einem Mietwagen durch den Osten der USA. Die letzten Tage verbrachten wir in New York City, wo ich eine Adresse hatte.

Am letzten Morgen schleppten wir unsere Koffer hinunter, um zum Flughafen zu fahren und ins Flugzeug umzusteigen. Doch unten auf der Straße wartete eine böse Überraschung auf uns: Der Wagen war weg! (Entwickelte sich das mit den plötzlich verschwundenen Autos zu einer Art Muster?)

Nun, eigentlich wussten wir, dass das Parken am Straßenrand tagsüber verboten war. Die entsprechenden Schilder standen ja überall herum. Was wir aber nicht geahnt hatten, war, dass die das mit dem Abschleppen wirklich ernst meinten. Nun wussten wir es.

Was jetzt begann, war die reinste Odyssee! Erst nach einer ganzen Weile fanden wir heraus, wohin man den Wagen gebracht hatte. Gefühlt war das am anderen Ende dieser Megacity! Irgendwie schafften wir es, mit unseren Koffern dorthin zu gelangen. Dann standen wir auf einem riesigen Parkplatz voller Autos. Wir bezahlten das Bußgeld und bekamen eine lange Nummer genannt. Und so machten wir uns auf die Suche. Endlich hatten wir den Wagen gefunden. Die Nummer war quer über die Frontscheibe geschrieben.

Jetzt aber nichts wie zum Flughafen gebraust – sofern so etwas wie Brausen in New York überhaupt möglich ist! Den Mietwagen zurückgeben und einchecken, das geschah dann auf den letzten Drücker. Als wir New York von oben sahen, waren wir unendlich erleichtert!

What's up?
Kurioses Missverständnis

Einmal im Jahr gehe ich mit Jugendfreunden für ein Wochenende wandern. Wir übernachten im Wald; wenn es die Witterung zulässt, unter freiem Himmel. Am offenen Feuer kochen wir Tee mit einem Schuss Rum „für den Geschmack" und rösten unser Abendbrot. Brot, Wurst und Käse verwandeln sich über dem Feuer in Delikatessen. Das unmittelbare Erleben der Natur, die Gespräche beim Wandern und am Feuer und die über Jahrzehnte gewachsene Vertrautheit machen diese Wochenenden zu kostbaren kleine Auszeiten. Inzwischen wohnt nur noch einer von uns im Siegerland – die anderen drei reisen aus Hannover, Münster und Pirna an. Doch nie gibt es auch nur den geringsten Zweifel daran, dass es die lange Anreise wert ist.

Eine der ersten Wanderungen führte uns im Januar 1988 an den Silbersee in der Nähe des Siegerland-Flughafens. Wir schlugen unser Lager etwas oberhalb, aber noch in Sichtweite des Sees auf. Spät abends – das Feuer war schon fast heruntergebrannt – bemerkten wir unten am See eine Gruppe Fremder, die sich etwas sonderbar verhielten. Übermütig rief ich in die Dunkelheit: „What's up?" (Kurz zuvor als Austauschschüler aus den USA zurückgekehrt fand ich es damals cool, hier und da ein paar Brocken Englisch einfließen zu lassen.) Danach hörten wir von den Fremden nichts mehr.

Später erfuhren wir den Grund: Bei den Fremden hatte es sich um Freunde aus unserer Jugendgruppe in der Kirchgemeinde gehandelt. Ausgerüstet mit Tarnanzügen und einem ferngesteuerten Auto waren sie an den Silbersee gekommen, um es für uns mal so richtig spuken zu lassen.

Mein Ruf warf sie jedoch völlig aus der Bahn. Statt „What's up" verstanden sie nämlich „Wart's ab!" Das machte ihnen Angst, und so traten sie unverrichteter Dinge den Rückzug an.

Ich hätte nie gedacht, dass es so leicht sein kann, Angst und Schrecken zu verbreiten, noch dazu völlig ungewollt.

Ein Überfallkommando hat es seitdem nie wieder gegeben. Die Wanderwochenenden aber gibt es noch – inzwischen seit 40 Jahren! Und die What's-up-Episode gehört zu den Geschichten, über die wir immer noch lachen.

Überraschung in der Freistunde

Ich besuchte das Evangelische Gymnasium Siegen. An derselben Schule war mein Vater Lehrer. So eine Kombination hat immer Vor- und Nachteile. Vermutlich nicht für meinen Vater, doch für mich überwogen aber wohl die Vorteile. Ich hatte auch nicht viel auszustehen, schließlich vermied es mein Vater wohlweißlich, in meiner Klasse zu unterrichten. Nur in Vertretungsstunden bekam ich es mit ihm zu tun. Doch das war überraschend spannend und unterhaltsam, denn dann gab es meistens Rätselgeschichten zu lösen, die heute unter dem Namen „Black Stories" erfolgreich vermarktet werden.

Eine rätselhafte Geschichte im wirklichen Leben ergab sich eines Tages in der zwölften oder dreizehnten Klasse, als wir eine Doppelstunde Ausfall hatten und auch kein Vertretungsunterricht stattfand. Zusammen mit ein paar Klassenkameraden wollte ich in die Stadt fahren und einen Kaffee trinken. Dazu besorgte ich mir von meinem Vater den Autoschlüssel für seinen VW Polo, der auf dem Lehrerparkplatz stand. Wozu hat man schließlich einen Vater an der Schule?

Ich schloss auf, und wir stiegen ein. Doch gerade als ich das Auto starten wollte, kam unser Physiklehrer Bätzel, stutzte und fragte, was wir in seinem

Auto machten! Wie bitte, in *seinem* Auto? Ja, in *sei-nem* Auto, er bestand darauf. Es stellte sich heraus, dass außer meinem Vater noch ein zweiter Lehrer einen weißen VW Polo besaß – und den hatten wir jetzt erwischt. Kurioserweise passte auch noch der Schlüssel. Das war uns natürlich sehr peinlich, aber es war ja ohne Absicht geschehen. Und so konnten wir am Ende alle darüber lachen. Selbst Herr Bätzel rang sich zu einem Schmunzeln durch.

Was ich leider nicht mehr herausfinden konnte, ist, ob ich das Auto mit dem falschen Schlüssel auch hätte starten können…

Wuwei –
Abiprüfung mit Schweigeminute

Im Abitur hatte ich eine mündliche Prüfung in Philosophie. Am Prüfungstag hatte sich Besuch aus dem Kultusministerium angesagt. So saßen mir in der Prüfung nicht nur mein Lehrer Karl-Rüdiger „Kalli" Freitag und sein Beisitzer gegenüber, sondern auch der Mann vom Ministerium und, wenn ich mich richtig erinnere, Schuldirektor Ochel, der es sich natürlich nicht nehmen ließ, den hohen Besuch zu begleiten.

Ich ließ mich davon jedoch nicht beunruhigen. Philosophie war mein Lieblingsfach, und ich war vorbereitet. Zu meiner Freude ging es schwerpunktmäßig um den Taoismus. Damit kannte ich mich aus. Im Taoismus gibt es das Prinzip des Wuwei, das Nicht-Handeln. Gemeint ist der Verzicht darauf, alles zu tun, was möglich ist, einfach weil man es kann. Es geht also darum, sich selbst nicht zu wichtig zu nehmen und sich vielmehr in eine möglichst weitgehende Harmonie mit Natur und Gesellschaft zu fügen. Nicht fatalistisch, aber eben auch nicht aktionistisch, eher als aktiven Verzicht auf jedes Übermaß an Aktion. Angesichts des Machbarkeitswahns, der unsere Welt immer näher an den Abgrund bringt, wie sich schon damals, Ende der 80er

Jahre, abzeichnete (jedenfalls für die, die Augen hatten zu sehen), angesichts dieses Machbarkeitswahns also erschien mir der Taoismus als interessantes Gegenmodell zum Motto „Geht nicht gibt's nicht".

Das Wuwei-Prinzip betrifft auch das Reden. Es kann also auch Nicht-Reden bedeuten, den Verzicht auf leeres, übermäßiges Gerede. Über das Nicht-Reden nun viele Worte zu machen, das empfand ich als Widerspruch. Und so hüllte ich mich, nachdem ich das Prinzip kurz erläutert hatte, in Schweigen.

Lehrer Kalli starrte mich mit aufgerissenen Augen an, und während mein Schweigen andauerte, vertiefte sich das Rot seines Kopfes zusehends. Offensichtlich befürchtete er, dass ich nun die nächsten zehn Minuten in meinem Schweigen verharren wollte. Und tatsächlich stellte sich ja die Frage, wie ich es begründen sollte, das Schweigen jetzt doch zu brechen?

Während meiner Redepause hatte ich Zeit, darüber nachzudenken. Dann stand der Text: „Im Sinne des Taoismus ist eigentlich schon alles gesagt. Da es sich aber hier um eine Abiturprüfung handelt, muss ich das Schweigen an dieser Stelle beenden…" Von da an ging die Prüfung ihren normalen Gang.

Wie lange mein Schweigen gedauert hatte, weiß ich nicht. Vermutlich nicht länger als eine Minute. Doch gefühlt war es eine halbe Ewigkeit.

Das Ergebnis war dann sehr erfreulich. Eine glatte 1. Auch die Schweigeminute wurde lobend erwähnt. Mir fiel ein Stein vom Herzen.

Meine Erleichterung war aber wohl nichts gegen die meines Lehrers. Im Nachhinein würde ich sagen: Auch er hat seine Prüfung bestanden. Er hätte ja auch die Nerven verlieren und mich zum Reden drängen können. Doch das tat er nicht. Stattdessen vertraute er darauf, dass ich die Kurve irgendwie kriegen würde.

In Radio-Interviews höre ich manchmal die Frage: „Welches Bildungserlebnis ist Ihnen in Erinnerung geblieben?" Für mich wäre die Antwort klar: meine Philosophie-Prüfung. Das Prinzip des Wuwei jedenfalls werde ich wohl nie vergessen.

Wenn du Gott nicht in der Pfanne hast...

Nach dem Abitur ging ich auf Fahrradtour durch Norwegen. Ich campte frei in der weiten Wildnis dieses schönen Landes. Und so oft wie möglich ließ ich den Tag mit einem Lagerfeuer ausklingen, über dem ich mir etwas zu essen röstete.

Eines Abends kam mir Regen dazwischen und vertrieb mich ins Zelt. Nun gut, ich setzte das Essen im Zelt fort. Das Feuer zu löschen übernahm der Regen. Dachte ich.

Doch der Regen ließ bald nach. Und so erwachte ich mitten in der Nacht, weil es vor dem Zelt auf einmal ganz hell war. Feuer! Das ganze Feuerholz, das ich gesammelt hatte, stand in Flammen. Dasselbe galt für ein paar Sträucher, auf die das Feuer bereits übergegriffen hatte. Offenbar hatte der Wind das Feuer wieder entfacht und nun knisterte es ordentlich. Ich stürzte hinaus und begann, so gut es ging, zu löschen. Mit meinem bisschen Kochgeschirr war das ein mühsames Geschäft. Immerhin gab es nicht weit vom Lagerplatz einen Wasserlauf, und so waren die Flammen irgendwann doch noch besiegt.

Einige Wochen später und etliche hundert Kilometer weiter nördlich hatte ich erneut mit den Elementen zu kämpfen: Jetzt war es das Wasser, das mir zu schaffen machte. Im Rondane-Nationalpark kam ich einen ganzen Tag nicht aus meinem kleinen Zelt heraus, weil es ununterbrochen regnete. Zu allem Überfluss schmorte ich mir bei dem Versuch, mir etwas Warmes zu kochen, auch noch ein Loch in den Zeltboden, so dass es im Zelt gefühlt bald nicht viel trockener war als außerhalb!

In Sichtweite meines Zeltes stand ein Blockhaus, das nun sehr verlockend wirkte. Ob ich da mal ein paar Sachen trocknen könnte? In meiner Verzweiflung klopfte ich an die Tür. Nach einer ganzen Weile – ich wollte schon fast wieder gehen – öffnete mir ein Mann mittleren Alters: Terje. Auf den ersten Blick wirkte er etwas verschlossen. Kein Wunder, denn ich hatte ihn aus seiner täglichen Meditationsstunde gerissen. Doch er ließ mich ein und bat mich, Platz zu nehmen, während er seine Meditation fortsetzte. Anschließend kochten wir einen Topf Kartoffeln. Als ich das erdige Kartoffelwasser in den Abfluss gießen wollte, hielt er mich zurück, sagte: „Earth to earth – that's a principle I have" und brachte das Wasser nach draußen, wo er es dem natürlichen Kreislauf wieder zuführte. Als er zurückkam, zitierte er Theresa von Ávila: „Wenn du Gott nicht in der Pfanne hast, hast du Gott nirgendwo." Zu meiner Freude entpuppte er sich als Freund der

Mystik. Wir konnten etwas miteinander anfangen, und da er ebenfalls gerade im Urlaub war, lud er mich ein, vorerst bei ihm zu bleiben. Wir durchstreiften den Naturpark gemeinsam, führten lange Gespräche und schwiegen auch gerne miteinander.

Und so ergab es sich, dass mir mein Ein-Mann-Zelt-Dauerregen-Koller doch noch eine Sternstunde bescherte.

Vielleicht trug dieses Erlebnis ja auch dazu bei, dass ich es viel später im Rahmen der Null-Euro-Tour wagte, bei wildfremden Menschen Unterschlupf zu suchen. Aber das ist eine andere Geschichte…

Da hat der Igel Schwein gehabt!

Meinen Zividienst leistete ich im „Haus Felsengrund", einer therapeutischen Übergangseinrichtung in einem Dörfchen namens Wommelshausen im „hessischen Hinterland". Die Einrichtung verstand sich zugleich als christliche Lebensgemeinschaft, und so wohnten alle unter einem Dach: Klienten und Mitarbeiterinnen inklusive des Leiters und seiner Familie.

Eines Tages kamen zwei der Kinder aufgeregt angelaufen und riefen: „Schau mal, wir haben einen toten Igel gefunden!" Abgesehen davon, dass er sich nicht mehr regte, sah der Igel eigentlich noch ganz gut aus. Zur Sicherheit führte ich also fachmännisch einen Reflextest durch. Doch das Ergebnis war eindeutig: Der Igel bewegte keinen einzigen Stachel. Er musste tatsächlich tot sein. Schade! Schade auch deshalb, weil mir der Igel von meiner Gartenarbeit her nicht unbekannt war. Kürzlich erst hatte ich beobachtet, wie er von Bierfalle zu Bierfalle gekrabbelt war und sich über die eingelegten Schnecken hergemacht hatte. Sei's drum, jetzt hatte er offensichtlich das Zeitliche gesegnet. Ich versprach, ihn zu beerdigen, deponierte ihn in einer Schüssel auf der Terrasse und wendete mich zunächst wieder meiner Arbeit zu.

Darüber vergaß ich den Igel.

Als er mir am nächsten Tag wieder einfiel, wollte ich die Bestattung nachholen. Ich ging zur Terrasse – und fand die Schüssel leer! Wie konnte das sein? Dann aber fiel mir die Schneckenorgie des Igels ein, die ich beobachtet hatte. Sollte er am Ende gar nicht tot gewesen sein, sondern schlicht und einfach im Bierschnecken-Delirium? So musste es gewesen sein!

Da hat der Igel aber Schwein gehabt, dass ich ihn vergessen hatte! Sonst hätte ich das arme Tier bei lebendigem Leibe begraben!

Also, liebe Leute: Wenn ihr einen Igel zu begraben habt, tut es lieber nicht sofort, sondern gebt ihm die Chance, seinen Rausch auszuschlafen!

Ähnliches gilt natürlich auch für die menschliche Spezies: Sehen wir unsere Mitmenschen nicht zu schnell als erledigt an! Vielleicht müssen auch die sich nur mal richtig ausschlafen …

Überraschungsbesuch im Schlafzimmer

Als Student nahm ich mit meiner damaligen Freundin an einer Studierendenfreizeit in den „Christlichen Gästehäusern" an der Rhön teil. Männer und Frauen waren in getrennten Häusern untergebracht. Und um Mitternacht wurden die Haustüren verschlossen. *Christliche* Gästehäuser eben!

Der Hausmeister hatte es offenbar eilig, ins Bett zu kommen. Punkt 24.00 Uhr jedenfalls war die Haustür verschlossen. Und ich war ausgesperrt. Ich hatte mich nicht eher von meiner Freundin lösen können... Jetzt stand ich da und hatte keine Ahnung, wie ich in mein Bett kommen sollte.

Also schlich ich auf der Suche nach einer alternativen Einstiegsmöglichkeit um das Haus. Und siehe da: In der ersten Etage gab es eine angelehnte Balkontür! Ich kletterte auf den Balkon, schlüpfte ins Haus – und befand mich in einem Schlafzimmer! Auf dem Bett richtete sich jetzt eine Gestalt auf. Schnell durchquerte ich das Zimmer. Im nächsten Moment war ich auch schon wieder draußen – und stand in einem Wohnungsflur. Kleider in der Garderobe, Spielzeug auf dem Fußboden, der Schlüsselbund in der Schale, das alles machte einen sehr privaten Eindruck. Im Gästetrakt war ich jedenfalls nicht!

Nur, wie kam ich da jetzt hin? Welche der Türen war die richtige? Gab es überhaupt eine Tür zum Gästetrakt? Oder würde ich im nächsten Schlafzimmer landen?

Es half alles nichts. Ich musste mich für eine Tür entscheiden. Ich drückte irgendeine Klinke – und hatte Glück. Gott sei Dank!

Am nächsten Morgen im Speisesaal: Der Freizeitleiter wünschte der Gruppe einen guten Morgen. Dann sagte er: „Der Herbergsvater hatte heute Nacht Besuch in seinem Schlafzimmer. Offensichtlich hat da jemand den Zeitpunkt verpasst. Ich bewundere ja die Coolness des Eindringlings. Aber ich bitte doch darum, dass so etwas nicht wieder vorkommt!"

Allgemeines Gelächter.

Ich aber stand auf, ging zum Herbergsvater und entschuldigte mich. Er verzieh mir.

Christliche Gästehäuser, tatsächlich!

Auf dem Schlauch gestanden

Anfang der Neunziger Jahre wollte ich bei einer Freizeit für Männer einen Floßbauworkshop anbieten. Für den Auftrieb sollten alte LKW-Schläuche sorgen. Lange vor dem Event hatte ich die LKW-Schläuche organisiert. Da in meiner Studentenbude kein Platz dafür war, lagerte ich sie in meinem früheren Jugendzimmer bei den Eltern.

Als ich eines Tages übers Wochenende nach Hause kam, meinte mein Vater, er habe die LKW-Schläuche in die Garage bringen müssen, da sie angefangen hätten, zu stinken. LKW-Schläuche stinken? Hm, das war mir neu. Aber wer weiß, vielleicht war es der Weichmacher, der im Laufe der Zeit entwichen war...

Als ich mein Zimmer betrat, schlug mir dann jedoch tatsächlich ein bestialischer Gestank entgegen. Nur stank es keinesfalls nach Weichmacher oder sonstigen Chemikalien – es stank nach *Verwesung*! Kann ein LKW-Schlauch denn so schlimm stinken, noch dazu nach Verwesung? Und warum stank es in meinem Zimmer weiterhin, obwohl die Schläuche doch längst in der Garage waren? Übrigens: In der Garage stank es merkwürdigerweise nicht, was ich im nächsten Moment herausfand.

Hier war doch etwas faul! Ich ging der Sache auf den Grund, und der war auch bald gefunden. Es war tatsächlich etwas faul, und zwar im wahrsten Sinne des Wortes: eine Maus. Die verweste in einer Ecke in aller Seelenruhe vor sich hin, über und über bedeckt mit Maden! Da hat mein Vater aber ganz schön auf dem Schlauch gestanden!

Offenbar hatte unsere Katze wieder mal eine Maus durchs Dachfenster fallen lassen. Katzen tun so was. Übrigens wollen sie damit wohl ihre Herrchen und Frauchen zum Jagen animieren, wie ich inzwischen weiß.

Und was machen die? Ignorieren die Maus und lassen sie einfach verwesen! Das stinkt doch zum Himmel!

Innocent und Millicent

Es war kurz vor Weihnachten. Nach einer Familienfeier freute ich mich auf das Bett im schwiegerelterlichen Gästezimmer. Doch das war belegt, wie sich überraschender Weise herausstellte: Eine fünfköpfige Familie hatte sämtliche Betten und Matratzen belegt. Uli, die Nichte, hatte die Familie vom Bahnhof mitgebracht. Nach einer Verspätung waren sie dort gestrandet, und Uli, die auf der Fahrt mit ihnen ins Gespräch gekommen war, hatte sie kurzerhand eingeladen. Die Eltern hießen übrigens Innocent und Millicent, sie stammten aus Afrika, lebten aber inzwischen in Hamburg. Sie waren natürlich sehr dankbar, denn sie hatten hier keine Herberge, wo sie hätten bleiben können. Dafür hat Uli jetzt eine Adresse in Hamburg.

Keine spektakuläre Geschichte – und doch alles andere als selbstverständlich. Kurz vor Weihnachten habe ich natürlich gleich an Maria und Josef gedacht, die ja ebenfalls in einem improvisierten Quartier unterkamen, weil der Wirt sich ihrer erbarmte. Ich möchte wissen, wie viele solcher Geschichten sich gerade in der Weihnachtszeit ereignen. Man hört ja gelegentlich solche und ähnliche Geschichten. Besonders spektakulär ist die von dem neugeborenen Findelkind Christian in der Krippe der Kirche im schwäbischen Pöttmes, das der Pfarrer, Gott sei Dank, bald entdeckte und das später von einer liebevollen Kinderkrankenschwester adoptiert wurde.

Vielleicht ist die Weihnachtszeit für solche Geschichten prädestiniert. Ich habe jedenfalls den Eindruck, dass dies nicht nur hohe Zeit für Glühwein und Glitzer ist, sondern auch für Großzügigkeit, Güte und Gastfreundschaft. Es ist eine Zeit gesteigerter Sensibilität für die Hilfsbedürftigkeit der Mitmenschen – für mich einer der Gründe, die die Weihnachtszeit so besonders machen.

Welche Leiche?

Mein Vikariat habe ich in Leipzig absolviert. Mein Lehrpfarrer erzählte mir einmal, dass er als Vikar seinerseits die Beerdigung eines Schuldirektors übertragen bekommen hatte – was sein Lehrpfarrer also für ein erstaunliches Zutrauen bewiesen habe, um diese wichtige Aufgabe an ihn, den Anfänger, zu delegieren. Nun, umgekehrt war sein Zutrauen mir gegenüber offenbar nicht so groß. Jedenfalls erklärte er mir, dass die Verstorbenen seiner Gemeinde bestimmt alle von ihm selbst beerdigt werden wollten. Um die nötige Übung zu bekommen, solle ich doch mal den Nachbarpfarrer fragen, ob der eine Leiche für mich übrighabe, die ich unter die Erde bringen könne.

Gott sei Dank war der Nachbarpfarrer in dieser Hinsicht entspannter, und so ergab sich in der Tat irgendwann die Möglichkeit, in der Nachbargemeinde eine Beerdigung zu übernehmen. Sie sollte auf dem Friedhof von Markkleeberg-West stattfinden. Zu besagter Zeit war ich zur Stelle – ebenso wie mein Nachbarpfarrer. Nur von der Trauergesellschaft fehlte jede Spur! Was merkwürdig ist, denn normalerweise sind die Angehörigen die ersten auf dem Friedhof.

Der Nachbarpfarrer war, wie gesagt, ein entspannter Mensch: Erst fünf Minuten vor dem geplanten Beginn der Zeremonie kam er auf die Idee, nachzufragen, wo denn die Trauergesellschaft eigentlich sei. Und der verdutzte Friedhofsarbeiter so: Welche Trauergesellschaft? Welche Leiche? Hier sei heute keine Beerdigung geplant. Das müsse ein Missverständnis sein. Aber er tat uns den Gefallen und rief bei den Friedhöfen ringsum an, ob da vielleicht jemand auf uns warte. Und tatsächlich! Wir waren demnach auf dem falschen Friedhof! Der richtige Friedhof war eigentlich nicht weit weg, aber wegen einer Baustelle brauchten wir eine gefühlte Ewigkeit, um hinzugelangen. Zum Glück war man dort jetzt informiert, dass wir unterwegs waren. Trotzdem war ich natürlich sehr aufgeregt. In der Aufregung vergaß ich das Vaterunser und den Segen. Doch die Angehörigen wirkten keineswegs irritiert – im Gegenteil: Sie bedankten sich anschließend sehr herzlich für meinen Dienst.

In einer anderen Gegend, im Erzgebirge etwa, wären die Leute vermutlich nicht eher gegangen, bis ich den Segen gesprochen hätte – hier jedoch, am Rande von Leipzig, ist das Fehlen des Segens möglicherweise gar nicht groß aufgefallen. So hatte ich Glück im Unglück – noch lieber wäre mir allerdings gewesen, ich hätte meine erste Beerdigung auf vertrautem Territorium durchführen dürfen. Es hätte ja nicht gleich ein Schuldirektor sein müssen.

Mitternachtsläuten

Im erzgebirgischen Affalter, wo ich seit 2003 Pfarrer war, kann es schon einmal vorkommen, dass nachts die Glocken läuten – aber nicht etwa in der Silvesternacht, sondern mitten im Sommer. So jedenfalls geschah es in einer Julinacht 2004. Ich schlief bereits tief und fest – bis mich die Glocken aus dem Schlaf rissen. Zunächst versuchte ich mir einzureden, es sei das ganz normale Morgenläuten – und drehte mich noch einmal um. Was jedoch komisch war: Es war noch kein bisschen hell. Der Dunkelheit nach zu urteilen war es mitten in der Nacht. Und außerdem läutete auch nicht bloß *eine* Glocke, wie das beim Morgenläuten üblich ist, sondern gleich alle *drei*. Tatsächlich: Es war das volle Geläut, und das mitten in der Nacht – genauer, wie ich jetzt nach einem Blick auf den Wecker feststellte: 0:15 Uhr! Ich erschrak. Da stimmte etwas ganz und gar nicht.

Und nun dämmerte es – jedenfalls in meinem Hirn. Mir wurde klar: Die Glocken würden wohl noch eine ganze Weile weiterläuten, wenn ich sie jetzt nicht ausschaltete.

Um das zu erklären, muss ich etwas weiter ausholen. Am Samstag zuvor war der damalige neue Landesbischof Jochen Bohl in sein Amt eingeführt worden. Aus diesem Anlass hatten in ganz Sachsen die Glocken geläutet. Als Gemeindepfarrer war ich dafür zuständig, dass dies auch in Affalter geschah. Da ich an jenem Tag aber nicht zu Hause war und die Glocken nicht von Hand ein- und ausschalten konnte, hatte ich die Zeit programmiert. Später hatte ich versucht, die Programmierung wieder zu löschen. Nach einigem vergeblichen Herumprobieren hatte ich schließlich eine Möglichkeit gefunden: Ich setzte einfach die Anfangszeit und die Endzeit auf 0:00 Uhr. So würden die Glocken zwar von nun an theoretisch samstags nachts den Befehl zum Läuten bekommen; aber da sie im selben Moment den Befehl zum Aufhören bekommen würden, würden sie im Endeffekt stumm bleiben.

Dachte ich jedenfalls.

Jetzt wusste ich es besser. Ich stürzte zum Schaltkasten und schaltete die Glocken aus. Endlich war Ruhe.

Das Dorf war natürlich jetzt hellwach.

Der Gottesdienst am Tag darauf hätte die Gelegenheit sein können, etwas über den Grund des mysteriösen Mitternachtsläutens zu erfahren. Vermutlich war die Kirche daher voller als sonst. „Was war denn gestern Nacht los?", fragte man einander. Die Spekulationen reichten von Feueralarm bis zum „dritten Weltkrieg".

Nur leider war niemand da, der die Sache aufklären konnte. Denn die Pfarrersleute waren verreist – planmäßig, muss ich dazu sagen. Und ich vermute, unsere Abwesenheit hat den Fall für die Affalterer umso rätselhafter gemacht. Jedenfalls wurde ich noch Wochen später gefragt, was denn bloß losgewesen sei, als mitten in der Nacht die Glocken läuteten.

Die Bierfalle

Nicht nur Schnecken tappen in Bierfallen. Es soll vorkommen, dass das selbst Pfarrern passiert. Pfarrern wie mir.

Dazu muss ich etwas ausholen. Bei einer Familienfreizeit des Affalterer Ehepaarkreises hatten wir uns vorgenommen, uns am ersten Abend mit Dietrich Bonhoeffer zu beschäftigen. Nun wurden manche Mütter noch recht lange aufgehalten, weil die Kinder nicht gleich in den Schlaf fanden. Die Männer verkürzten sich die Wartezeit mit einem Bierchen (oder zwei). Als dann endlich alle da waren, war an geistiges Arbeiten nicht mehr zu denken. Es wurde ein schöner Abend – aber ohne Bonhoeffer.

Auch im Jahr darauf hatte ich ein Thema für den Freitagabend vorbereitet. Und wieder fanden nicht gleich alle Kinder in den Schlaf. Wieder griff ich zum Bier, um beim Warten nicht auf dem Trockenen zu sitzen. Doch in dem Moment, als es Plopp machte, war irgendetwas anders als sonst. Von allen Seiten spürte ich überraschte, zum Teil auch irritierte Blicke auf mich gerichtet. Und merkwürdigerweise fand ich auch keinen Nachahmer. Ich blieb der Einzige, der Bier trank.

Als schließlich alle da waren, hielt ich dann mein Thema. Im Gegensatz zum Jahr zuvor gab es nicht den geringsten Widerstand. Alle waren ernst und hörten aufmerksam zu. Für Heiterkeit sorgten lediglich ein paar Versprecher meinerseits. Offenbar tat der Alkohol seine Wirkung. Hinzu kam wohl auch eine gewisse Nervosität, weil ich durch das sonderbare Verhalten der anderen etwas verunsichert war. Die Nervosität nahm noch zu, als eine der Anwesenden rief: „Nehmt dem Pfarrer doch mal das Bier weg!" Allgemeines Gelächter. Mein eigenes Lachen fiel allerdings etwas verlegen aus.

Erst am nächsten Tag klärte mich der Ehepaarkreisleiter über den Hintergrund auf. Um zu verhindern, dass der Themenabend wieder ins Wasser – bzw. ins Bier – fällt, hatte er im Vorfeld ein Alkoholverbot verhängt. Nur mir hatte er davon nichts gesagt. Wahrscheinlich war er einfach davon ausgegangen, dass das beim Pfarrer selbstverständlich ist – eine Annahme, die mir zur Falle wurde.

Man zündet auch nicht eine Kerze an und setzt sie unter einen Messbecher

Ich versuche, anschaulich zu predigen, im wahrsten Sinne des Wortes. Denn wenn die Gemeinde etwas anzuschauen bekommt, dankt sie es mit erhöhter Aufmerksamkeit. Als es in einem Konfi-Vorstellungsgottesdienst um das Jesus-Wort „Ich bin die Tür" ging, habe ich mir zum Beispiel eine Tür in den Altarraum stellen lassen, die die Konfis durchschreiten sollten. Ein anderes Mal ging es um die Aussage „Wer die Hand an den Pflug legt und sieht zurück, der ist nicht geschickt für das Reich Gottes", wofür ich einen musealen Pflug organisierte, der vielleicht nicht gerade aus der Zeit der Bibel stammte, aber fast.

Als es eines Sonntages um das Licht der Welt ging, wollte ich die Sache mit dem Scheffel veranschaulichen: Man zündet auch nicht ein Licht an und setzt es unter einen Scheffel, sondern auf einen Leuchter; so leuchtet es allen, die im Hause sind. (Matthäus 5,15)

Da kam es mir gelegen, dass kurz zuvor ein Gerät in unseren Haushalt gelangt war, das den guten alten Scheffel heutzutage ersetzt: ein Messbecher.

Und zwar nicht irgendeiner, sondern ein Original-Tupperware-Messbecher, erworben auf der entsprechenden Tupper-Party bei einem Gemeindeglied. Ich malte mir aus, dass ich den Messbecher über eine Kerze stülpe und dass die Gemeinde durch die halbtransparente Wand des Messbechers hindurch live verfolgen kann, wie es der Flamme ergeht: dass sie nämlich unter dem Messbecher erstickt. Dramatisch, geradezu unvergesslich würde das werden!

Wurde es auch. Nur nicht so, wie ich mir das vorgestellt hatte. Die Kerze wollte nämlich partout nicht ausgehen. Stattdessen wurde der Boden des Messbecher immer dunkler! Die Frau, die die Tupper-Party organisiert hatte, stieß einen Schrei des Entsetzens aus – da endlich gestand ich mir ein, dass das Experiment wohl gescheitert war. Ich riss den Messbecher von der Kerze – doch der Boden war bereits schwarz. In der Kirche entstand ein Raunen, das bald in Lachen überging.

Tja, so hatte ich mir das nicht gedacht.

Ich denke aber, eins ist trotzdem deutlich geworden: Man stellt ein Licht nicht unter einen Scheffel. Und erst recht nicht unter einen Messbecher.

Zeitsprung –
Eine irre Verwechslung

Es ist doch manchmal verrückt, was die Leute so auf den Anrufbeantworter sprechen. Es geht einem ja selbst oft so, dass man vor lauter Schreck, dass man jetzt plötzlich mit einer Maschine kommunizieren soll, nur wirres Zeug herausbringt. Doch die folgende Nachricht, die ich im Advent 2006 auf meinem Anrufbeantworter vorfand, stellte alles Bisherige in den Schatten:

„Einen wunderschönen guten Morgen. Hier spricht ein 87jähriger. Ich habe in der Zeitung gelesen, wer ich bin, was ich so mache und vor allem: wie alt ich bin.“

Die Nachricht stammte von Horst Meinhold, dem damaligen Leiter des Affalterer Posaunenchores. Was um Himmels willen mochte den Horst dazu bewogen haben, eine solch sinnlose Nachricht zu hinterlassen? Denn anders als sinnlos konnte man sie kaum bezeichnen. Zum einen genügte ein Blick in die Gemeindekartei, um mich vergewissern, dass Horst nicht 87 Jahre alt war, sondern 69 Jahre jung. Und zum anderen: Wieso erfuhr der Horst sein Alter überhaupt aus der Zeitung? Wieder genügte ein Blick, diesmal in die Zeitung. Denn dort, in der

„Freien Presse" vom 20.12., wurde darüber berichtet, dass Horst Meinhold aus Affalter für sein ehrenamtliches Engagement im Posaunenchor mit einem Christstollen ausgezeichnet werden soll. So weit so gut. Das entsprach auch den Tatsachen. Ich selbst hatte einige Tage zuvor, einem Aufruf in der Freien Presse folgend, einen Vorschlag für diese Auszeichnung gemacht, nämlich eben jenen Hort Meinhold. Verdient hatte er es allemal.

Doch merkwürdigerweise wurde der Horst in dem Bericht ganze 18 Jahre älter gemacht, als er war. Und damit nicht genug; das hohe Alter dieses immer noch erstaunlich rüstigen Mannes schien dem Verfasser des Artikels gleich eine Überschrift wert. Die lautete: „Süßer Dank an einen nimmermüden Musikliebhaber – Stollenpräsent geht an den 87jährigen Horst Meinhold."

Ich traute meinen Augen nicht. Das war ja wohl gründlich schiefgegangen. Eigentlich hatte ich dem Horst eine Freude machen wollen. Doch bewirkt hatte ich, dass er jetzt vorzeitig als Greis galt. Schöne Bescherung!

Nur – wie war es dazu gekommen? Wie war der Verfasser dazu gekommen, sich überhaupt zum Alter des Chorleiters zu äußern? Ich selbst hatte mich in meinem Tipp an die Freie Presse gar nicht dazu geäußert. Hatte man versucht, das Alter zu recherchieren?

60

Dann kam ich darauf. Es war viel banaler: Man hatte schlicht und einfach Meinholds Hausnummer (die ich gleich mit angegeben hatte, damit gegebenenfalls der Christstollen ausgeliefert werden konnte) zu seinem Alter gemacht. Aus der Hauptstraße 87 wurden 87 Lebensjahre.

Da kann man ja noch von Glück reden, dass Meinholds nicht noch weiter oben im Dorf wohnten! Angenommen, sie hätten nicht in der Hauptstraße 87 gewohnt, sondern, sagen wir, in der Nr. 107 – man stelle sich nur mal den Medienrummel vor, der in diesem Fall ausgelöst worden wäre! Da hätte selbst Johannes Heesters[1] noch Konkurrenz bekommen! Aber auch der umgekehrte Fall wäre ja denkbar gewesen. Angenommen, Meinholds hätten in der Hauptstraße 7 gewohnt. Ich sehe schon die entsprechende Überschrift: „Siebenjähriges Wunderkind leitet bereits den Posaunenchor"!

Zu meiner Erleichterung nahm es der Horst gelassen. Er sagte nur: „Den ganzen Spaß an der Sache war es allemal wert!" Ein Grund mehr dafür, dass er den Christstollen verdient hat.

Geschmeckt hat er übrigens, der Christstollen, wovon ich mich selbst überzeugen konnte.

---

[1] Der Schauspieler und Sänger Johannes Heesters stand noch bis kurz vor seinem Tod im Alter von 108 Jahren auf der Bühne.

Klezmer oder Männerchor?
Noch eine Verwechslung

Kennen Sie die Geschichte von Hilfsengel Anton, jenem kleinen, unerfahrenen Hilfsengel, der einspringen muss, als das ganze Himmelspersonal gleichzeitig ausfällt – und zwar ausgerechnet zu Weihnachten?[2] Nun also muss der Anton die Geschenke zu den Menschen bringen. Das Problem ist nur: Anton kann nicht lesen! Das fällt ihm aber auch erst ein, als er mit der Wunschliste auf der Erde steht und die Geschenke verteilen will. Und so passiert, was passieren musste: Oma Behrendt bekommt das ferngesteuerte Auto, das eigentlich für Mathias gedacht war, Herr Klein bekommt die Stricknadeln, die sich Oma Behrendt gewünscht hatte, Lena bekommt Herrn Gossmanns Bohrmaschine, Mathias die Klaviernoten, die für seinen Vater gedacht waren, der alte Herr Gossmann das Kleid für Frau Zirbel und Frau Zirbel den Plüschbären für die kleine Lena.

Ein ähnliches Missgeschick ist mir im Advent 2008 passiert, als die ausscheidenden Kirchvorsteher im Rahmen eines Festgottesdienstes feierlich verab-

---

[2] Dorothee Haentjes, Engel Anton rettet Weihnachten, Düsseldorf 2004.

62

schiedet wurden. Jeder der sieben Kirchvorsteher sollte eine CD bekommen, entweder mit Klezmer-Musik oder mit der Aufnahme eines sächsischen Männerchores. Zuvor waren in einer Vorstandssitzung die Wünsche der scheidenden Vorsteherinnen notiert worden. Ich selbst war bei dieser Sitzung nicht anwesend.

Und so kam ich gar nicht erst auf den Gedanken, dass es sich bei den Geschenken um unterschiedliche CDs handeln könnte. Im Geschenkpapier sahen sie ja alle gleich aus. Ich kam auch nicht auf die Idee, mir die Päckchen genauer anzusehen. Hätte ich das getan, so hätte ich die aufklappbaren Namensschildchen bemerkt, die an den Schleifen hingen.

In dem Gottesdienst musste es schnell gehen. So ein Festgottesdienst dauert auch ohne Bescherung lange genug. Kurz und gut, in der Eile passierte auch mir, was passieren musste: Ich teilte die Geschenke aus, ohne auf die Namen zu achten. Und so gerieten sie durcheinander.

Zusätzlich verkompliziert wurde die ganze Sache noch dadurch, dass zwei der ausscheidenden Kirchvorsteher nicht anwesend waren: Herr Weißflog und Frau Finsterbusch. Zwei Päckchen blieben also übrig. Eins davon nahm ich für Frau Finsterbusch mit, die bei mir im Dorf wohnte, das andere wollte Pfarrer Becher für Herrn Weißflog mitnehmen.

Wollte. Denn als er es nach dem Gottesdienst aus dem Karton nehmen wollte, war dieser leer. Nun begann das Rätselraten. Wo war das Geschenk für Herrn Weißflog? Als ich dasjenige für Frau Finsterbusch herausgenommen hatte, war es noch dagewesen. Jetzt war es weg. Nun ja, es wird schon wieder auftauchen, dachten wir uns.

Aber auch drei Tage später war es noch nicht wieder da.

Die Lösung fand sich, als ich Frau Finsterbusch kurz darauf zum Geburtstag gratulierte. Es stellte sich heraus, dass sie ihre CD schon bekommen hatte, und zwar von Herrn Passauer, ebenfalls ein ausgeschiedener Kirchvorsteher aus Affalter, der, clever, wie er ist, das für Frau Finsterbusch vorgesehene Geschenk gleich mitgenommen hatte. Tatsächlich, auf dem Namenskärtchen stand „Frau Finsterbusch". Und da erst merkte ich, dass die Geschenke mit Namenskärtchen versehen waren; und dass auf dem von mir mitgenommenen Geschenk eben nicht „Frau Finsterbusch" stand, sondern „Herr Leichsenring".

Das Rätsel um das verlorene Geschenk war damit gelöst. Dann hatte Herr Leichsenring wahrscheinlich das Geschenk von Herrn Weißflog erwischt.

Jetzt war nur die Frage, ob die beiden sich für die gleiche CD entschieden hatten.

Hatten sie nicht. Herr Leichsenring hatte sich Klezmer gewünscht, Herr Weißflog den Männerchor. Also mussten die Geschenke ausgetauscht werden. Familie Leichsenring nahm das zum Anlass, Familie Weißflog einen Besuch abzustatten. Nun, was könnte man in der Weihnachtszeit Besseres tun, als sich Zeit für einen Besuch bei Freunden zu nehmen?

Übrigens: Auch die Geschichte von Hilfsengel Anton hat ein Happy End. Zum Weihnachtsfrühstück bei Oma Behrendt brachten alle die Geschenke mit, die sie erhalten hatten, und schenkten sie denen weiter, die etwas damit anfangen konnten. Das war für alle eine große Überraschung. So wurde es das schönste Weihnachtsfest seit langem. Und im Himmel beschloss man, in Zukunft immer den Anton zu schicken, wenn es Weihnachten wird.

Schöne Bescherung!
Havarie am Heiligen Abend

Bekanntlich fällt Kindern das Warten schwer. Besonders zu Weihnachten. Auch Edda und Isaak hatten damit ihre Probleme. „Wann dürfen wir endlich in die Weihnachtsstube?" Diese Frage zog sich meistens wie ein roter Faden durch den Nachmittag des 24. Dezembers. Unsere Standardantwort lautete: „Wenn es läutet." 18.00 Uhr wurde der Heilige Abend eingeläutet. Das war natürlich für die Kinder nicht ganz einzusehen, denn schließlich wurde ja die Christvesper bereits am Nachmittag gefeiert. Worauf also noch warten? Aber wir Eltern ließen da nicht mit uns reden. Denn ganz abgesehen von allen theologischen Argumenten – wir kamen meistens ohnehin erst nach der Vesper dazu, die Weihnachtsstube fertig vorzubereiten.

Die Zeit zwischen der Christvesper und dem Abendläuten, sie zog sich also endlos hin, alle Jahre wieder. Bis auf jenes Jahr, als ausgerechnet am Heiligen Abend die Friedhofskapelle unter Wasser stand. In den Wochen zuvor hatte es strengen Frost gegeben. Offenbar war dadurch in der Kapelle neben der Kirche das Wasser in der Leitung gefroren und hatte sie zum Bersten gebracht. Als nun am 24. Dezember plötzlich Tauwetter einsetzte, ergoss sich das Wasser in die Halle. Nach der Christvesper wurde der Schaden dann offensichtlich: Das Wasser drückte durch die Wand und lief an mehreren Stellen außen die Wand herunter! Schöne Bescherung!

Am Heiligen Abend ist natürlich niemand zu erreichen, der dafür zuständig wäre. Also kümmerte ich mich selbst. Ich drehte das Wasser ab und machte mich daran, das Wasser mit dem Abzieher aus der Kapelle zu schieben. Und da die Kinder nichts anderes zu tun hatten, halfen sie mir dabei. Damit waren wir eine ganze Weile beschäftigt. Wir mussten ja erst einmal die vielen Stühle wegräumen. Dann schoben und schoben wir, und nur sehr langsam wurde der Fußboden trocken.

Wir waren gerade in den letzten Zügen – da läutete es! Aufgeregt fragten die Kinder: „Ist es etwa schon sechs Uhr?" Meine Bestätigung löste begeisterten Jubel aus. Der Jubel setzte sich dann kurz darauf in der Weihnachtsstube fort. Denn da stand der geschmückte Baum, die Kerzen brannten, die Puppenstube war nicht nur aufgebaut, sie war auch um das eine oder andere Detail erweitert, ebenso wie der Kaufmannsladen, und weitere Geschenke warteten unter dem Baum nur darauf, von ungeduldigen Kinderhänden ausgepackt zu werden.

Noch viele Jahre später meinte der inzwischen 20jährige Isaak, dieses Weihnachtsfest sei das schönste seines Lebens gewesen – einfach, weil die

Zeit so schnell vergangen sei, dass er es gar nicht gemerkt habe.

Wozu so eine Havarie am Heiligen Abend doch gut sein kann!

Die Liebe hat sich vorgedrängelt

Wenn einer eine Reise tut, dann kann er was erzählen. Das gilt auch für die Reisegruppe aus Affalter, die sich im Juni 2008 ins brandenburgische Lauchhammer aufmachte, um in der dortigen Gießerei dem Guss der ersten von zwei neuen Glocken für den Affalterer Glockenturm beizuwohnen.

So ein Glockenguss ist eine feierliche Angelegenheit. Als Pfarrer hielt ich vor dem Guss eine Andacht. Passend zu der Glocke ging es um den Glauben; denn so sollte die Glocke heißen. Im Rahmen der Andacht erwähnte ich auch deren technische Daten: Gewicht, Größe und Stimmung der Glocke. Dann kam der große Moment. Der Glockenmeister verkündete: „In Gottes Namen – wir gießen!" Im nächsten Moment wurde die flüssige Bronze aus zwei rotglühenden Kübeln in die Glockenform gegossen. Es dampfte und zischte und stank auch etwas, aber das gehört eben dazu.

Anschließend gab der Glockenmeister nun seinerseits noch einmal die technischen Daten bekannt. Merkwürdigerweise stimmten seine Daten mit den von mir genannten Daten in keinem Punkt überein! Als ich ihn darauf ansprach, stellte sich heraus: Der Guss, den wir soeben miterlebt hatten, war gar nicht der Guss der Glocke „Glaube" gewesen, sondern der der „Liebe". Die Liebe sollte eigentlich erst eine Woche später gegossen werden; doch aus irgendeinem Grund hatte man die Reihenfolge geändert. Verlegenheit machte sich breit. Bis irgendjemand fröhlich ausrief: „Tja, die Liebe hat sich vorgedrängelt." Genau so war es.

Eine Woche später sollte die zweite Glocke gegossen werden. Wieder machte sich ein Bus voller Affalterer auf den Weg nach Lauchhammer. Diesmal ging alles gut. Zu unserer Überraschung bekamen wir sogar die inzwischen aus dem Mantel „ausgepackte" „Liebe" schon zu sehen – und sogar zu hören. Sie klang wunderschön.

Die Hiobsbotschaft kam kurz darauf: Die „Liebe" war verstimmt. Ausgerechnet die Liebe harmonierte nicht mit den Schwestern „Glaube" und „Hoffnung". Ihr Ton war zu tief geraten. Die Glocke musste erneut gegossen werden.

Für die Affalterer war das ein Schock. Schließlich war die Glockenweihe bereits geplant, am 6. Juli sollte sie stattfinden. Dummerweise war das zwar derselbe Tag, an dem auch im Nachbarort Dittersdorf groß gefeiert werden sollte, das erste Heimatfest dort seit 50 Jahren! Aber alles ist ja sowieso nie unter einen Hut zu bringen. Die Affalterer waren jedenfalls fest entschlossen gewesen, die Glockenweihe trotzdem zu feiern. Doch daraus wurde ja nun erst einmal nichts.

Stattdessen also das Dittersdorfer Heimatfest. Der Bürgermeister, der bei dem großen Festumzug natürlich mit von der Partie war, rief mir vom vorbeirollenden Kremser aus zu: „Sehen Sie, jetzt hat der liebe Gott es doch so eingerichtet, dass ich bei der Glockenweihe dabei sein kann!"

So kann man es natürlich auch sehen.

Die Glockenweihe wurde dann übrigens drei Monate später gefeiert. Es war ein schönes, großes Fest. Und der Bürgermeister war sicher nicht der Einzige, der sich freute, jetzt doch dabei sein zu können.

Lost in Prag

Kurz nach meinem Amtsantritt als Jugendpfarrer im Kirchenbezirk Aue gab es – wie alle zwei Jahre – einen Ehrenamtlichen-Ausflug. Eine schöne Tradition, um ehrenamtlich Mitarbeitende zu ehren und so dem Begriff „Ehrenamt" alle Ehre zu machen.

2008 ging die Reise nach Prag. Wir fuhren morgens mit dem Reisebus hin und besuchten als erstes den Veitsdom, um dann zur Moldau hinunterzulaufen und auf einem Schiff das Mittagessen einzunehmen. Der riesige Veitsdom beeindruckte mich; ich verlor mich regelrecht darin. Als es Zeit wurde, den Treffpunkt vor dem Dom aufzusuchen, kam ich nicht so richtig vorwärts, denn vor dem Ausgang stauten sich die Touristen. Auf Toilette musste ich auch noch einmal, und so kam ich zu spät zum Treffpunkt.

Die anderen waren schon weg! Weit und breit keine Spur von ihnen! An den neuen Jugendpfarrer hatte keiner gedacht. Wer kommt denn schon darauf, dass ausgerechnet der Pfarrer zu spät kommen würde?

Was tun? Ich war ja noch recht neu und hatte daher die Telefonnummern der Kollegen in der Jugendarbeit noch nicht gespeichert. Also rief ich zu Hause an und bat meine Frau, den Ordner mit der Nummer des Jugendwarts zu suchen und mich dann zurückzurufen.

Kurz darauf klingelte das Handy: „Guten Tag Herr Pfarrer. Hier ist die Singer Esther. Sei meine Kinner bei Ihn? (Sind meine Kinder bei Ihnen?)" Verwirrt antwortete ich: „Nein, hier in Prag sind sie nicht. Hier ist niemand Bekanntes. Das ist ja mein Problem!" Da erst merkte Frau Singer, dass sie meine Handynummer gewählt hatte – und nicht die Festnetznummer, wie sie dachte. Sie entschuldigte sich vielmals und legte auf.

In der Zwischenzeit hatte meine Frau versucht anzurufen – und sich gewundert, dass meine Nummer besetzt war. Also rief ich wieder an und erhielt nun endlich die Nummer von Jugendwart Knolli.

Doch Knollis Nummer war angeblich nicht vergeben. Hatte ich mich verwählt? Ich versuchte es erneut – wieder vergeblich. (Später erfuhr ich, dass der Knolli das Handy samt Nummer kurz zuvor gewechselt hatte!) Also rief ich wieder zu Hause an und ließ mir weitere Nummern geben. Als nächstes versuchte ich es bei Tobias, dem FSJler – diesmal mit Erfolg! Er fand dann auch heraus, an welcher Anlegestelle unser Moldauschiff ablegen würde.

Das alles hatte jedoch so lange gedauert, dass ich mich jetzt sehr beeilen musste. Kurz bevor die Gruppe die Anlegestelle erreichte, schloss ich auf.

Als ich mit den anderen zusammen das Schiff betrat, war das für mich das große Highlight des Tages. Das stellte sogar den Veitsdom in den Schatten.

Ein Blumentopf fürs Himmelreich

Wer im Reich Gottes mitarbeitet, hat viel zu gewinnen – aber manchmal reicht es nicht einmal für einen Blumentopf. Im Gegenteil: Es kommt schon mal vor, dass man sogar noch einen Blumentopf opfern muss.

So erging es Heidi Wiesner im Sommer 2012. Es war wieder einmal eine Familienfreizeit vorzubereiten, und dazu trafen wir uns bei Familie Wiesner. Das Thema: Jakobs Kampf am Jabbok. Jakob kämpft mit dem Fremden, bei dem es sich wohl um Gott selbst handelt – und am Ende wird er sogar noch dafür belohnt, dass er mit Gott gekämpft hat!

Eine Kampfszene also. Das ist doch etwas für die Jungs. Für Kampfszenen sind sie in der Regel zu haben. Erst recht, wenn sie sich selbst im Kampf ausprobieren dürfen. Aber wie kann das gelingen, ohne dass man dabei Verletzungen riskiert?

Meine Idee: Wie wäre es mit Fingerfechten? Beim Fingerfechten umfasst man den Daumen des Gegners mit der Hand und streckt dabei den Zeigefinger aus. Das ist sozusagen der Degen. Und mit diesem Finger-Degen muss man dann versuchen, den Gegner zu pieksen.

Um den Anderen zu demonstrieren, wie das funktioniert, forderte ich Tobias kurzerhand zum Duell. Schnell entbrannte zwischen uns ein heftiger Kampf. Alle sahen belustigt zu – bis Tobias mit ganzer Kraft zustieß, so dass ich im Blumenregal landete. Das Regal krachte zusammen, ein Blumentopf ging in die Brüche und auch der Kaktus darin sah dann ganz schön lädiert aus.

Auweia! Erschrocken starrten wir uns an. Doch nachdem sich Heidi wieder gefasst hatte, bedachte sie die ganze Szene mit ihrem herzerfrischenden Lachen, dem man sich nicht entziehen kann. Wir konnten gar nicht anders als mitzulachen.

Auf der Freizeit selbst verzichteten wir dann übrigens auf die Übung des Fingerfechtens. Dafür hatten wir einfach zu viel Sorge um die schönen alten Möbel in der Rathener Friedensburg.

Jagd auf Pastors Schäfchen

Es geschah im Jahre 2013. Wie schon zuvor hatte ich auch in diesem Jahr zwei Schafe, die mir helfen sollten, das Gras auf der Kirchenwiese kurz zu halten. Durch einen Zufall wurden es in diesem Jahr zwei Exemplare der Kameruner Rasse: schöne, exotische Tiere, rotbraun, fast wie Damwild, mit angeblich besonders wohlschmeckendem Fleisch.

Doch die Freude an den neuen Tieren war nur von kurzer Dauer. Schon nach wenigen Tagen rissen sie das erste Mal aus. Mit Hilfe der Nachbarn konnte ich sie zwar zunächst wieder einfangen. Doch bereits am nächsten Tag übersprangen sie erneut und scheinbar völlig mühelos den Elektrozaun – und blieben von da an verschwunden. Das heißt, gesehen wurden sie gelegentlich. In den ersten Wochen etwa tauchten sie mehrmals in der Nähe von Kleingartenanlagen auf. Einmal gelang es zwei Gartenbesitzern, die Schafe in einer Ecke zusammenzutreiben. Doch bevor sie sie zu fassen bekamen, sprangen die Schafe einfach über den Zaun – aus dem Stand über 1,70 Meter!

Spätestens da war klar, dass es unmöglich sein würde, die Schafe lebend zu fangen. So bitter das war – ich sah keine andere Möglichkeit als die Tiere abschießen zu lassen. Also setzte ich mich mit dem

Revierförster in Verbindung, um den Abschuss zu organisieren. Es stellte sich jedoch heraus, dass das in Deutschland – wie so vieles – ziemlich kompliziert ist. Hierzulande muss man für so etwas nämlich eine amtliche Abschussgenehmigung haben. Und dazu ist es erforderlich, dass die beauftragten Jäger ihre Versicherungsunterlagen einreichen. Da die Schafe mal hier und mal dort gesichtet wurden, beauftragte ich mit dieser heiklen Aufgabe gleich vier Jäger. Entsprechend lange zog sich das Genehmigungsverfahren hin. Bis alle Unterlagen vorlagen und die Genehmigung erteilt war, vergingen drei Wochen! Dafür umfasste der Bescheid mehrere Seiten und kostete 100,- Euro!

Inzwischen schienen sich die Schafe jedoch gar nicht mehr auf Affalterer Flur aufzuhalten, sondern im Nachbarort Lößnitz. Zuerst meldete die Physiotherapeutin, sie habe sie gesichtet. Dann beklagte sich die Tankstellenpächterin, meine Schafe würden ihr das Leben schwermachen, da sie fast täglich den Weidezaun kaputt und Pferde und Kühe verrückt machten. Zweimal rief auch die Polizei an und verlangte, dass ich die Schafe doch endlich einfangen möge.

Peinlich, peinlich! Ausgerechnet Pastors Schafe! Mir war das alles sehr unangenehm. Nicht auszudenken, wenn die Schafe jemandem vors Auto rennen und so womöglich noch einen Unfall verursachen würden! Oder wenn die Presse Wind von der Sache bekäme und sich darauf stürzen würde – wie im Fall der entlaufenen Kuh Yvonne, die sich zwei Jahre zuvor wochenlang in den Schlagzeilen gehalten hatte. Ich sah schon die Schlagzeile vor mir: *Pastor macht Jagd auf seine Schäfchen!* Im Rathaus war die Sache ohnehin schon *das* Gesprächsthema.

Das Problem war, dass die Meldungen vom Aufenthalt der Schafe meistens zu spät kamen und die Ausreißer genügend Zeit hatten, sich aus dem Staub zu machen.

Die Chance schien gekommen, als sie bei Bekannten auf der Weide auftauchten. Ich erhielt einen entsprechenden Tipp, und so schickte ich den Jäger Volker dorthin.

Doch dann nahm diese Geschichte eine völlig unerwartete Wendung: Es handelte sich bei den beiden Übeltätern auf Lößnitzer Flur gar nicht um meine Tiere! Der Volker, der meine Tiere ja kannte, sah sofort, dass es sich um fremde Tiere handeln musste. Eines der Tiere hatte Hörner, war also ein Bock, während meine Tiere beide weiblich waren! Außerdem hatte er noch die Reste einer abgerissenen Eisenkette am Hals. Von mir war die ganz sicher nicht!

Was soll man dazu sagen? Einerseits war ich erleichtert, dass es nicht meine Tiere waren, die in

Lößnitz ihr Unwesen trieben. Es waren, wie es schien, die verbliebenen beiden Schafe des Bauern, der mir die Schafe verkauft hatte; offenbar waren sie jetzt ebenfalls ausgerissen – kurz nachdem die kleine Herde auseinandergerissen worden war. Wahrscheinlich suchten die Tiere sich nun gegenseitig. Andererseits aber bedeutete es, dass *meine* Schafe verschollen waren. Wo waren meine Schaffe?

Am Ende ging dann aber doch alles ganz schnell. Drei Tage später erhielt einer der beauftragten Jäger von unserem Nachbarn den entscheidenden Hinweis: Die Schafe kämen allabendlich zum Saufen an seinen Tümpel. Am Abend desselben Tages waren sie erlegt.

Verübeln kann ich den Schafen ihre Flucht nicht. Kameruner sind einfach eine wilde Rasse – und unmöglich zu zähmen, wie ich inzwischen weiß. Für unsere aufgeräumten Ortschaften sind sie wohl nicht gemacht. Es ist nicht ihre Schuld, dass irgendjemand sie von Kamerun, oder woher sie ursprünglich kommen, nach Deutschland importiert hat. Doch wenn sie schon einmal hier sind, dann sollte man sie nicht noch auseinanderreißen.

Schornstein in Flammen

Noch heute schlägt mein Herz höher, wenn ich an das Papa-Kind-Camp denke! Das Papa-Kind-Camp ist ein Wochenende im Wald von Affalter, mit etwa 20 Papas und ihren Kindern, mit Zelten, Lagerfeuer, Kesselsuppe, Stockbrot und viel Zeit für Spaß und Abenteuer. Und immer gibt es auch ein Kreativ-Projekt. So bauten wir während eines der ersten Camps einen Backofen. Um in dem Ofen Brot oder Pizza zu backen, musste stets mehrere Stunden eingeheizt werden. Besonders für die Jungs war das natürlich eine willkommene Aufgabe: Mit Feuereifer, na klar, befeuerten sie den Ofen. Meistens schoss irgendwann die Stichflamme regelrecht oben aus dem Ofenrohr, was bei einigen Schrecken, bei den Jungs vor allem Jubel auslöste.

Nach und nach wurde der Ofen verfeinert: Unter anderem bekam er ein Dach. Beim Papa-Kind-Camp 2013 stand das Projekt gerade kurz vor der Vollendung: Das Ofenrohr war gedämmt und geschalt – lediglich die Schiefer-Verkleidung des Schornsteins fehlte noch.

Wie immer wurde kräftig eingeheizt, und die inzwischen halbstarken Jungs gaben keine Ruhe, bis sich über dem Schornstein die sehnsüchtig erwartete Stichflamme zeigte. Wie immer. Wie immer schmeckten auch die Brötchen herrlich knusprig, abends fielen die ausgetobten Kinder wie immer müde in die Schlafsäcke, und den Papas erging es einige Stunden später ebenso.

Als nun aber Papa Sören nachts raus musste, bemerkte er, dass der Schornstein in Flammen stand. Offenbar war die Dämmwolle der Turbofeuerung nicht gewachsen gewesen. Doch zum Glück gab es den Mirko, der bei der Freiwilligen Feuerwehr ist. Er schlief im Dach der kleinen Hütte gleich neben der Freiluftküche. Sören brauchte also nur zu rufen. Das tat er. Mirko antwortete auch sogleich. Doch da Sören sein Hörgerät nachts nicht im Ohr hatte, bekam er das nicht mit. Also rief er wieder und wieder und immer lauter. Bis Mirko zurückbrüllte: „Ja, meine Güte, was ist denn los?"

Von da an ging alles seinen Gang: Sören machte seine Meldung und Mirko baute den brennenden Schornstein fachmännisch ab. Trotz des Radaus bekam von der ganzen Aktion sonst niemand etwas mit.

Erst am Morgen staunten wir, dass der Schornstein wieder nackt war.

„Alles lief nach Plan, nur der Plan war Scheiße"

Ganz schön schräg, das Thema, das sich Jugendliche aus dem Kirchenbezirk Freiberg für diesen Jugendgottesdienst ausgewählt hatten: „Alles lief nach Plan, nur der Plan war Scheiße". Mich hatten sie eingeladen, die Predigt zu halten. Ich muss zugeben, ich war erst einmal etwas irritiert. Was ist das für ein Thema für einen Gottesdienst? Aber Jugendmitarbeiter Falk meinte, die Jugendlichen seien davon überzeugt, dass das genau der richtige Titel für einen Jugendgottesdienst zum Thema Plänemachen sei – und der Wille der Jugendlichen sei ihm heilig. Also ließ ich mich darauf ein. Ich konnte noch nicht ahnen, wie passend das Thema am Ende war…

Der Gottesdienst fand übrigens in Bärenstein statt, einem kleinen Ort im oberen Erzgebirge, nahe der tschechischen Grenze. Als der Tag gekommen war, setzte ich mich ins Auto, gab „Bärenstein" ins Navi ein und fuhr los. 45 Minuten später war ich da: in Bärenstein, einem kleinen Ort im oberen Erzgebirge, nahe der tschechischen Grenze. Alles lief nach Plan…

…nur: Die Bärensteiner Kirche war verschlossen – sehr merkwürdig, wo doch vor einem Jugendgottesdienst normalerweise stundenlang in der Kirche herumgewuselt wird: Soundcheck, Beleuchtung, Anspielprobe, Snackbar, etc. In dieser Kirche würde so bald kein Jugendgottesdienst stattfinden, das war offensichtlich. Und eine zweite evangelische Kirche gab es auch nicht in Bärenstein, wie ich im Pfarrhaus erfuhr.

Dafür aber gab es ein *zweites Bärenstein*: nämlich bei Altenberg im Osterzgebirge. Also gab ich Altenberg ein – und erlebte meinen nächsten Schock: das Navi berechnete für die Fahrt dorthin anderthalb Stunden! Das bedeutete, dass ich eine geschlagene Stunde nach Beginn des Gottesdienstes dort eintreffen würde! Unmöglich, die Jugendlichen so lange hinzuhalten!

Egal, ich raste erst mal los. Vielleicht konnte ich ja unterwegs noch was rausholen. Wie ein Irrer raste ich durch den erzgebirgischen Wald. Plötzlich war ich in Tschechien! Offenbar schien das kürzer zu sein. Meinte das Navi jedenfalls. Ich war mir da nicht so sicher. Denn auf tschechischen Landstraßen gilt Tempo 90. Doch darauf konnte ich jetzt keine Rücksicht nehmen.

Als ich endlich in der Kirche ankam, wurde gerade das Vaterunser angestimmt. Der Jugendwart begrüßte mich freundlich, flüsterte noch ein Gebet für mich und segnete mich. Und dann war das Gebet auch schon zu Ende – und ich war dran.

Doch was war das? Die Jugendlichen wirkten kein bisschen genervt! Im Gegenteil: Sie waren richtig gut drauf. Und weil sie so gut drauf waren, war ich es dann auch. Schnell waren alle Aufregung und Hast von mir abgefallen.

Die Geschichte meiner Anreise wurde dann natürlich gleich der Einstieg ins Thema: Alles lief nach Plan, nur der Plan war Scheiße. Anschaulicher hätte es kaum sein können. Gut zu wissen, dass Gottes Pläne niemals Scheiße sind, und dass er auch nach einem völlig verkorksten Start noch dafür sorgen kann, dass es am Ende gut wird.

Was mir an diesem Abend geholfen hat, war ein Satz, den der Jugendwart in seinem Flüstergebet für mich gesagt hatte: Nichts geschieht ohne Grund. Wie ich im Anschluss erfuhr, hatten es die Jugendlichen durchaus als passend empfunden, einmal richtig Zeit zum Beten zu haben. Dass der Prediger zu spät kam, war für sie kein Problem, sondern Anlass dafür, sich Zeit zu nehmen für etwas, was sonst im Gottesdienst oft etwas kurz kommt: das Gespräch mit Gott.

Nichts geschieht ohne Grund. Und: Nichts geschieht, was Gott nicht einbauen könnte in seinen Plan für unser Leben!

„Das gibt's doch nicht – ein Mann, der bügelt!"
Unterwegs auf „Null-Euro-Tour"

Einmal im Jahr gehe ich mit Jugendlichen auf „Null-Euro-Tour". Null-Euro-Tour, das ist eine einwöchige Wanderung ohne Geld und ohne Sicherheit, dafür aber mit einer großen Portion Gottvertrauen. Im Vertrauen auf Gott ziehen wir los und fragen unterwegs nach Unterkunft und/oder Verpflegung. Im Gegenzug bieten wir unsere Arbeitskraft an, für Arbeiten wie Unkrautjäten, Auto waschen, einfache handwerkliche Arbeiten oder ähnliches. Die Null-Euro-Tour ist also eine Art Work + Travel im Kleinen und im Großen. Im Kleinen: Wir sind nicht mehrere Monate im Ausland unterwegs, sondern lediglich eine Woche, in verschiedenen Ecken Sachsens. Im Großen: Wir sind eine größere Gruppe; 15 bis 20 Personen muss man erst einmal beschäftigen und versorgen. Es ist also eine Herausforderung, sowohl für die Teilnehmenden als auch für die Gastgebenden.

Als ich 2015 zum ersten Mal zur Null-Euro-Tour aufbrach, und zwar gleich mit 20 Teilnehmenden, gingen mir daher durchaus Fragen durch den Kopf: Werden wir immer einen Platz zum Schlafen finden? Und Essen und Trinken? Und ab und zu eine Waschgelegenheit, wenn's geht? Und: Werden wir Gelegenheit finden, uns erkenntlich zu zeigen? Werden wir arbeiten können?

Wir wurden fündig! Und am zweiten Tag gleich in so wunderbarer Weise, dass wir nur staunen konnten! Das war morgens noch nicht abzusehen gewesen. Das Frühstück war eher karg – und das Mittagessen erst recht: ein Müsliriegel und anderthalb Butterkekse pro Person, das war alles, was wir zwischen die Zähne bekamen. Nachmittags wurde es besser: Erst kamen wir an zwei üppig tragenden Kirschbäumen am Straßenrand vorbei, kurz darauf bekamen wir als Finderlohn für einen Autoschlüssel eine Packung Waffelgebäck, und später bekamen wir frische Semmeln mit Butter und Marmelade.

So gestärkt liefen wir weiter in Richtung Stützengrün. Dabei wanderten unsere Gedanken langsam, aber sicher zu der Frage, wo wir die Nacht verbringen würden. Und da wir ja auch noch Zeit zum Arbeiten brauchten, beschlossen wir, mit der Arbeits- und Quartiersuche zu beginnen, sobald wir nach Stützengrün kämen. Sprich: Beim ersten Hof, an dem wir vorbeikommen, wird geklingelt!

Doch zu klingeln brauchten wir gar nicht. Denn der erste Hof, den wir erreichten, war der Hof von Annelie und Martin Fischer. Und die standen gerade vor der Tür. Eben hatten sie Gäste verabschiedet, und im nächsten Moment tauchten 20 schwer bepackte Jugendliche vor ihrem Haus auf. Die Fischers staunten nicht schlecht, fragten, wer wir so sind, und ob wir vielleicht etwas trinken wollen. Das wollten wir! Also wurden wir gebeten, auf ihrer geräumigen Terrasse Platz zu nehmen. Als sich dann herausstellte, dass wir nicht nur trinken wollten, sondern auch essen und am liebsten auch gleich noch übernachten, ging das Staunen weiter. Doch es war ein wohlwollendes Staunen, und so zögerten die beiden nicht lange und überließen uns ihre Scheune. Arbeit hatten sie zwar gerade nicht für uns – höchstens ein bisschen aufräumen in der Scheune und Salate zubereiten fürs Abendessen; aber wir waren willkommen. Sehr sogar. Während einige von uns die Scheune kehrten und eine Ecke zum Schlafen aufräumten, bereiteten einige Mädchen mit Frau Fischer das Abendessen zu.

Ich wollte mich jedoch mit der Auskunft, es gebe sonst keine Arbeit, nicht zufriedengeben und fragte noch einmal, ob es nicht wenigstens etwas Bügelwäsche gäbe. Und siehe da, die gab es, eine ganze Wanne voll. Ich bekam das Bügelbrett hingestellt und hatte für die nächsten anderthalb Stunden zu tun. Annelie Fischer war ganz aus dem Häuschen: „Das gibt's doch nicht: Ein Mann, der bügelt!" „Und noch dazu ein Pfarrer!" ergänzte ihr Mann. Er hatte mich nach dem Namen gefragt und anschließend im Internet herausgefunden, dass ich Pfarrer bin. Das war vor allem Frau Fischer jetzt peinlich, weil sie mich gleich geduzt und mir dann auch noch ihre Bügelwäsche hingestellt hatte. Wir konnten darüber nur herzlich lachen!

Als es nach getaner Arbeit in der geräumigen Doppelgarage das reinste Festmahl gab, erlebten wir eine weitere Überraschung: Drei Jugendliche vom EC[3] tauchten auf, eingeladen von Cornelia, der Tochter oder Schwiegertochter der Fischers. Und es waren nicht irgendwelche Jugendlichen, sondern alte Bekannte aus dem Stützengrüner Konfirmandenjahrgang, den ich 2012/13 vertretungsweise übernommen hatte! Das Staunen ging weiter. Sehr schön war, dass Erik seine Gitarre und einen Satz Jugendliederbücher mitgebracht hatte, und so sangen wir voller Überzeugung „Denn der Herr tut heute noch Wunder".[4]

---

[3] EC = Entschieden für Christus (der Jugendverband der Landeskirchlichen Gemeinschaften).

[4] Weitere Null-Euro-Tour-Geschichten finden sich in meinem Buch, Die Null-Euro-Tour. Ohne Geld und Sicherheit, aber mit Gottvertrauen, Norderstedt [3]2025 (siehe Anhang).

Weint mit den Weinenden!
Singt mit den Singenden!

Als 2015 in Syrien der Bürgerkrieg eskalierte und viele sich auf die Reise nach Deutschland machten, wurden sie auch in Pirna willkommen geheißen. Eine der Initiativen, die sich seitdem um Geflüchtete vor allem aus dem Nahen Osten und aus Eritrea kümmern, ist das Begegnungscafé, eine ökumenische Initiative von evangelischen, katholischen, freikirchlichen und auch gar nicht kirchlichen Menschen.

Uns Alteingesessenen nötigt es immer wieder Respekt ab, wie tapfer unsere Gäste hier wieder bei null anfangen, sprachlich, kulturell, wirtschaftlich. Das ganze Leben muss neu aufgebaut werden, und unter welchen Bedingungen! Es muss so schwer sein, dieses Leben in Trauer um die verlorene Heimat und in Sorge um die zurückgelassenen Verwandten – und außerdem in Angst vor Abschiebung, bei denen, deren Heimatländer im fernen Deutschland als sicher gelten.

Manchmal kommt es im Begegnungscafé zu Sternstunden der Menschlichkeit: etwa, wenn die Gäste die Gastgeber mit mitgebrachten Speisen aus ihrer Heimat überraschen, zum Beispiel aus Anlass eines muslimischen Feiertages; oder wenn eine Band es schafft, Groß und Klein aus der Reserve und auf die improvisierte Tanzfläche zu locken.

Ein ganz besonderer Moment ergab sich einmal, als sich ein Syrer an den Flügel in der Ecke setzte und ein bisschen vor sich hin spielte. Es dauerte gar nicht lange, da sammelte sich eine ganze Menschen-Traube um ihn. Einige Musiker der Band, die zuvor gespielt hatte, packten ihre Instrumente wieder aus und spielten einfach so gut es ging mit. Nach und nach entstand ein satter Sound aus arabischem Gesang und immer sichererer Bandbegleitung. Als eine Syrerin ein in ihrer Heimat bekanntes Lied über Aleppo anstimmte, flossen die Tränen: das schöne Aleppo, Weltkulturerbe und eine der ältesten Städte in der Region, vor allem aber: Inbegriff der geliebten Heimat – und jetzt von Bomben und Granaten zerstört! Wer den Text nicht kannte, summte und klatschte einfach mit, und am Ende lagen sich alle in den Armen.

Mich hat diese Begegnung an Römer 12,15 erinnert: „Freut euch mit den Fröhlichen! Weint mit den Weinenden!" Und ich füge hinzu: Singt mit Singenden!

Der perfekte Einbruch

Eines Tages fehlte mein Fahrrad im Fahrradraum. Das war höchst sonderbar: Alle anderen Fahrräder standen noch da – nur meines fehlte. Ich suchte und suchte – doch von dem Fahrrad fehlte jede Spur. Das konnte nur eines bedeuten: Das Rad war gestohlen! Es war zwar komisch, dass die Tür fest verschlossen war. Und warum eigentlich hatten die Diebe nur *mein* Fahrrad mitgenommen und nicht auch wenigstens das meiner Frau, das ja mindestens genauso wertvoll war wie meines?

Tja, wer weiß?

Ich ging also zur Polizei und meldete den Diebstahl. Dem Beamten, der den Fall aufnahm, kam es ebenfalls merkwürdig vor, dass die Tür verschlossen war und auch keine Spuren von Gewaltanwendung aufwies. Wie auch immer, er nahm den Fall auf, wenngleich er mir keine große Hoffnung machte: Die meisten Fahrraddiebstähle würden leider nicht aufgeklärt.

Eine Woche später lief ich, wie jeden Montag, zur Tanzschule. Und was stand da neben dem Eingang? Mein Fahrrad! Es war also gar nicht gestohlen worden – ich hatte es lediglich am letzten Montag dort vergessen, weil meine Frau mit dem Auto gekommen war und mich anschließend mitgenommen hatte! Wie blöd kann man sein!

Es tröstet mich nur, dass ich nicht der einzige Idiot zu sein scheine, dem so etwas passiert. Irgendwo fand ich jedenfalls die folgende Meldung:

Zwei Dorfpfarrer begegnen sich jeden Sonntag auf dem Weg zu ihren Kirchen. Der eine fährt mit seinem Rad in seine Kirche, der andere mit seinem Rad in seine.

Eines Sonntags treffen sie sich wieder mal, der eine läuft aber zu Fuß, ganz abgehetzt und verschwitzt: "Du, es muss mir jemand mein Rad geklaut haben."

Der zweite Pfarrer sieht ihn mitleidig an und sagt: "Na, da müssen wir ja was machen, ich habe eine Idee. Du liest jetzt in deiner Predigt die Zehn Gebote vor. Beim Gebot ,Du sollst nicht stehlen!' schaue in die Gemeinde. Wer die Augen senkt, der hat dir das Rad geklaut."

Der fahrradlose Pfarrer bedankt sich und eilt weiter. Auf dem Rückweg treffen sie sich wieder. Der vorher radlose Pfarrer wieder auf dem Fahrrad.

"Na toll, hat es geklappt?"

"Nun ja, ich zählte die Zehn Gebote auf, und bei dem Gebot ,Du sollst nicht ehebrechen!` da fiel mir ein, wo ich mein Rad vergessen habe...."

Bruchlandung eines Supertankers

Eines Tages las ich in der Zeitung von den Dreharbeiten für die Fernsehserie „Der Ranger" und dass dafür Komparsen gesucht würden. Da der Ranger gleich in der Sächsischen Schweiz, wo ich wohne, gedreht wurde, dachte ich mir: Warum nicht? Du kannst mal einen Blick hinter die Fernsehkulissen werfen und wirst sogar noch dafür bezahlt. Also registrierte ich mich bei der Agentur – und bekam auch prompt eine Anfrage: Ich sollte einen Feuerwehrmann spielen.

So fand ich mich zum angegebenen Termin am Filmset in Gohrisch ein. Dort lag schon das Wrack eines Kleinflugzeuges im Wald, das bei dieser Folge im Mittelpunkt stehen sollte. Der Ranger war sofort nach der Notlandung des Fliegers zur Stelle, leistete erste Hilfe für den Bruchpiloten und erfasste auch gleich die Gefahr, die von dem Wrack jetzt ausging: Das Kleinflugzeug war vollgetankt, und zwar laut Drehbuch mit 750 Liter hoch explosivem Treibstoff!

„750 Liter? Ist das nicht ein bisschen viel für so einen kleinen Flieger?", wunderte sich Jörg Witte, der Darsteller des Ranger-Kollegen Christoph. Die Regisseurin bestand jedoch darauf: „Im Drehbuch steht 750 Liter – also sind es 750 Liter." Nun gut, Jörg schien zwar nicht überzeugt, aber es wurde so gedreht, wie es nun einmal im Buche stand.

Als Komparse hat man viel Zeit, in der man eigentlich nur herumsteht und auf den nächsten Einsatz wartet, während die Regisseurin sich den letzten Take anschaut und Heerscharen von Assistentinnen den Schauspielern die Schweißtropfen ins Gesicht sprühen und ähnliche Dinge mehr. Man hat also Zeit für einen Fakten-Check durch einen Blick in das Cockpit des Flugzeugwracks. Und siehe da: Laut Tankanzeige fasste der Tank nicht 750 Liter, sondern gerade einmal 160. Das ist ein Unterschied. Bei 750 Litern Treibstoff wäre vermutlich kaum noch Platz für den Piloten gewesen.

Ich winkte den Jörg herbei und zeigte ihm die Tankanzeige. Daraufhin wagte der einen erneuten Vorstoß, und jetzt sah auch die Regisseurin ein, dass das Drehbuch etwas übertrieben hatte. Also gab sie nach: „Na gut, also sagen wir 250 Liter. Wir drehen noch einmal."

Und so kam es, dass ich zwar nicht die Katastrophe verhinderte – das Wrack flog später aufgrund eines Kurzschlusses planmäßig in die Luft – aber immerhin konnte ich dazu beitragen, dass das Drehbuch etwas realistischer ausfiel – wenigstens in diesem einen Punkt.

Jesus ist wie ein Radiergummi

Als Evangelist führe ich zusammen mit Jugendlichen gelegentlich „efungelistische" Straßenaktionen durch. „Efungelistisch" ist eine ganz typische Wortneuschöpfung von Arno Backhaus, einem christlichen Aktionskünstler. Die Aktionen zielen darauf ab, die Leute neugierig zu machen. Zum Beispiel mit der Aktion „Ich bin reich beschenkt. Nimm dir was raus!" Diesen Spruch schreibe man auf ein Schild und setze sich mit dem Schild und einer Schale mit Kleingeld in die Fußgängerzone. Was von weitem aussieht wie ein weiterer Bettler, entpuppt sich bei näherer Betrachtung als jemand, der Geld *verschenkt*! Da heißt es dann oft: „Warum machen Sie das?" Und dann kann man erzählen: Zum Beispiel, dass man beschenkt ist mit lieben Menschen: Eltern, Freunde, Partner, Familie. Oder mit den hierzulande guten Bildungschancen. Oder auch mit einem geregelten Einkommen, wenn das Fall ist. Aber das Geld ist ja gar nicht das Wichtigste. Das Wichtigste ist die Liebe, die man mitbekommen hat – und täglich erfährt. Und in all dem: Gottes Liebe.

Die Reaktionen: „Na ja, mit Gott habe ich so meine Probleme. Wie kann der all das Leid in der Welt zulassen?" Dem, der so spricht, ist anzusehen, dass er selbst viel durchgemacht hat. Ein Anknüpfungspunkt für ein Gespräch!

Eine andere Passantin fragt: „Trinken Sie Kaffee? Und wenn ja, wie?" Fünf Minuten später steht sie wieder vor mir: „Hier, ein Kaffee mit Milch für Sie. Ich finde die Aktion toll und will Sie unterstützen."

Eine weitere efungelistische Straßenaktion aus der Kreativwerkstatt von Arno Backhaus ist die Sprüche-Galerie, eine Mischung aus nachdenklichen, provokativen und witzigen Sprüchen – und dazwischen auch Sprüchen mit christlichen Botschaften. Die meisten Reaktionen sind positiv, manche regelrecht begeistert. Viele fotografieren sich einzelne Sprüche ab – und sind dann dankbar, wenn sie einen Flyer bekommen, in dem die Sprüche alle noch einmal aufgeführt sind.

Aber es gibt auch andere Reaktionen. Bei einem Einsatz 2019 in Dresden kam es zu einer besonders heftigen Reaktion. Ein Mann nahm Anstoß an dem Spruch: „Jesus ist wie ein Radiergummi: Er hat sich für meine Fehler aufgerieben." Der Mann fand das respektlos. Völlig entrüstet ließ er seinen Ärger an uns aus. Er sprach sogar davon, dass er am nächsten Tag aus der Kirche austreten wolle. „Gebt mir mal so einen Flyer, den hefte ich dann gleich an meine Austrittserklärung mit an!"

Ich habe bei diesen Aktionen schon viel erlebt, aber so etwas noch nicht. War das der Widerstand eines Menschen, der die Tragweite der menschlichen Schuld noch nicht verstanden hat? Nach dem Motto „Getroffene Hunde bellen"? Oder war es einfach gegen seine Pietät, dass Jesus mit einem so profanen Gegenstand wie einem Radiergummi verglichen wird? Wie auch immer, die Aktion war nun gründlich schiefgegangen. Das Ziel der Straßenaktionen ist zwar nicht, die Menschen zur Kirchenmitgliedschaft zu bewegen; aber dass sie aus der Kirche austreten, das kann natürlich auch nicht Sinn der Sache sein.

Gott sei Dank wurde uns kurz nach dieser „aufreibenden" Begegnung doch noch eine Sternstunde geschenkt: Ein Unternehmer fragte mich: „Warum verschenken Sie Ihr Geld nicht direkt an den Bettler da vorn? Das wäre doch viel einfacher." Ich antwortete: „Weil ich heute Wichtigeres verschenken will als Geld. Das Geld ist nur der Aufhänger." Daraufhin ließ sich der Mann neben mir auf dem Pflaster nieder und wir redeten eine ganze Weile. Am Ende meinte er: „Seit Jahren überlege ich, aus der Kirche auszutreten. Dass ich es noch nicht längst gemacht habe, liegt bloß an meiner Trägheit. Aber jetzt denke ich: Ich bleibe in der Kirche – und trage dazu bei, solche Aktionen zu unterstützen. Danke für das gute Gespräch!"

Mfurahini –
Chorprobe auf tansanisch

Anlässlich unserer Hochzeit erfüllten Doris und ich uns einen gemeinsamen Traum: eine Reise nach Tansania. Dabei verbrachten wir auch einige Tage in einem Kirchgemeindezentrum in Moshi am Fuße des Kilimanjaro. Eines Abends stellte Pater Wili, unser Gastgeber, uns dem Jugendchor vor, der sich zur Chorprobe in der Kirche traf. Wir erzählten davon, dass wir in unserem Evangelischen Gesangbuch in Deutschland ein Lied haben, das aus Tansania stammt und das wir sehr mögen: das Osterlied „Er ist erstanden". Zu unserer Überraschung war das Lied dort völlig unbekannt. Also sangen wir es ihnen vor. Allerdings kannten wir nur den deutschen Text. Vom tansanischen Original wussten wir lediglich den Anfang: Mfurahini Haleluya.

Doch dem jungen Chorleiter reichte das aus. Er griff die Melodie auf, ergänzte den Text aus dem Stegreif mit einer eigenen Fortsetzung und ruck zuck war eine komplette Strophe auf Suaheli fertig. Er sang die Strophe vor, und der Chor sang sie nach. Die Melodie wurde dann in Dauerschleife wiederholt, während der Chorleiter sich nach und nach den einzelnen Stimmgruppen zuwandte und ihnen eine spontan komponierte Unterstimme vorsang. [5]

Auf diese Weise entstand Stück für Stück ein vierstimmiger Chorsatz, und zwar, ohne den Gesang auch nur einmal zu unterbrechen! Der Chorleiter sang vor, und Alt, Tenor und Bass nahmen das Gehörte jeweils auf und ergänzten so die vom Sopran gesungene Melodie. Hinzu kam noch die E-Orgel, an der Doris saß. Das alles fügte sich wunderbar zusammen – Pater Wili brachte es so auf den Punkt: „Wow! That was the Holy Spirit at work!" (Das war das Werk des Heiligen Geistes!)

Ich glaube, jeder im Raum empfand diesen Moment als heilig. Und so passte es, dass wir anschließend das Vaterunser beteten, erst auf Deutsch, dann auf Suaheli.

„Ufalme wako ufike utakalo lifanyike duniani kama mbinguni. Amina."

(Denn dein ist das Reich und Kraft und die Herrlichkeit in Ewigkeit. Amen.)

---

[5] Das schrittweise Einführen von Chorstimmen ohne abzusetzen ist im Jazz übrigens nicht unbekannt, wie ich inzwischen weiß; es wird als „Looping" bezeichnet.

Hakuna matata –
Ende gut, alles gut

Als Höhepunkt unserer Tansania-Reise hatten wir die Besteigung des Kilimanjaro geplant. Nach sechstägigem Anmarsch inklusive zermürbenden zweieinhalb Tagen Dauerregen stand der Gipfelsturm auf dem Programm. Am Vorabend wurden wir 23.00 Uhr geweckt. Kurz nach Mitternacht ging es los. Es war deutlich unter null, und schon bald waren die Füße eiskalt. Der Himmel war klar, und es schien ein heller Halbmond über dem kleineren Nebengipfel Mawenzi.

Und dann liefen wir im Gänsemarsch los, eine Lichterkette aus Stirnlampen: Eliezer voran, dann Doris und ich und schließlich Godbless, der Assistant Guide. Einige solcher Gruppen, sog. „Clans", waren schon etwas früher aufgebrochen, und man sah die Lichterketten schon weiter oben am Berg leuchten. Doch es gab auch etliche, die später waren als wir und deren Lichter wir bald von oben sahen. Langsam, langsam – „pole, pole" – so kämpften wir uns den Hang des Hauptgipfels „Kibo" hinauf, der schon kurz hinter dem letzten Camp schneebedeckt war und so seinem Namen – „der Helle" – alle Ehre machte. Anfangs ging es noch recht gut, doch schon bald machte sich die dünne Höhenluft bemerkbar, und das Atmen wurde immer mühsamer. Unbegreiflich, dass ein so gemächlicher Aufstieg einen so außer Atem bringen kann! Unterwegs überholten wir einige Clans, die schon jetzt an ihre Grenzen gekommen waren, unter anderem einen Vater und seine Tochter aus Deutschland, die wir am Vortag im Barafu Camp kennengelernt hatten. Dem Vater ging es offenbar nicht so gut. Da war er nicht der einzige.

Auch uns ging es irgendwann nicht mehr besonders gut. Eliezer fragte gelegentlich „How are you?", und während ich anfangs immer geantwortet hatte: „Hakuna matata" (kein Problem), sagte ich jetzt nur noch: „I am struggling." Für Eliezer schien das kein Grund zur Beunruhigung zu sein – offenbar ist das der Normalfall.

Der Hang schien sich ewig hinzuziehen und wurde gefühlt auch immer steiler. Ich begann, mir die Frage zu stellen, was wohl wäre, wenn ich einfach stehenbliebe. Ich war klar an der Grenze meiner Leistungsfähigkeit. Ich musste mich regelrecht zwingen, weiter zu gehen.

Aber dann war doch irgendwann „Stella Point" erreicht, der Rand des Hochplateaus. Vor Freude und Erleichterung fielen wir uns um den Hals. Ab jetzt ließ die Steigung deutlich nach. Plötzlich war wieder Kraft da. Die Aussicht, in ca. 45 Minuten endlich auf dem Gipfel zu stehen, verlieh uns Flügel.

Bald ging die Sonne auf und verwandelte den Nachthimmel in ein flammendes Meer. Es ging vorbei an bizarren Gletschern, deren phantastische Formationen in wechselndes Licht getaucht waren. Und schließlich kam das berühmte Holzschild in Sicht; kurz darauf standen wir davor und lasen: „Congratulations! You are now at Uhuru Peak. 5895 m A.M.S.L." Ein beglückendes Gefühl, auf Afrikas höchstem Berg zu stehen. Endlich war es geschafft!

Oben angekommen mussten natürlich Gipfelfotos geschossen werden. Doris hatte extra eine Flöte mit hochgeschleppt und spielte „Ahsante sana Yesu" – Vielen Dank, Jesus! – und von ganzem Herzen stimmten wir mit ein.

Dann machten die Guides plötzlich Druck. Jetzt hieß es nicht mehr „Pole, pole!", sondern „Twende, twende!" – Lass uns gehen! Zum Glück lag der Gipfel auf einem ausgedehnten Plateau, und so hatten wir trotz der Eile bis zum Stella Point noch etwas Zeit, die 360-Grad-Aussicht und die beeindruckenden Gletscher zu bestaunen. Entgegenkommenden Wanderern riefen wir zu: „It's not far!" oder „You are almost there!" – so wie es auch uns zuvor entgegenkommende Wanderer zugerufen hatten, was uns auf jeden Fall motiviert hatte. Auch Karsten, der Spanischlehrer aus Deutschland, war uns entgegengekommen und hatte uns zugerufen: „Es ist so genial! Scheiß' auf die zwei Tage Regen! Das hier entschädigt für alles!" Damit hatte er die Sache auf den Punkt gebracht. Oder, wie man in Tansania sagt: Hakuna matata!

Szene einer Eheschließung

Im Kirchenjargon gibt es das Wort „Traufe": das ist eine Kombination aus Trauung und Taufe. Eigentlich eine schöne Sache. Für das Brautpaar ist so etwas aber nicht ganz unkompliziert. Eine Trauung ist ja für sich schon aufwendig genug. Wenn dann noch auf die Still- und Schlafzeiten des Täuflings Rücksicht genommen werden muss, kann es zum Beispiel schon mal zu aufregenden Verschiebungen im Zeitplan kommen.

So war es auch bei Familie Schürer. An einem regnerischen Samstag im Sommer 2021 war es endlich soweit, und das Ehepaar Schürer konnte heiraten. Im Jahr zuvor hatte Corona auch bei diesen beiden einen Strich durch die Rechnung gemacht. Inzwischen waren Schürers zu dritt, und so wurde aus der geplanten Trauung eben eine Traufe.

Ich sollte die beiden trauen und den kleinen Enno taufen; und meine Frau sollte die Orgel spielen. Alles war vorbereitet, und nun warteten wir also auf die Ankunft der Schürer-Familie, ich am Altar, Doris auf der Orgel-Empore und Lisa, die Zeremonienmeisterin, an der Eingangstür. Sie sollte mir ein Zeichen geben, wenn das Brautpaar auftauchte, und ich sollte das Signal an Doris weitergeben, die dann den Introitus intonieren würde.

Doch wie gesagt, bei einer Traufe ist Pünktlichkeit Glückssache. Was ja kein Problem ist – fast schon im Gegenteil: Die Verzögerung erhöht die Spannung, und das nimmt man an so einem Festtag auf jeden Fall in Kauf.

Dann geschah Folgendes: Lisa spähte unsicher in die Ferne, wahrscheinlich hatte sie ein Auto gehört, das sich näherte. Sie ging um die Ecke, um zu sehen, ob es das Hochzeitsauto sei. Sie kehrte zurück und schüttelte den Kopf. Und ich nickte, zum Zeichen, dass ich verstanden hatte.

Im nächsten Moment ertönte die Orgel! Die Gemeinde erhob sich. Alle blickten gespannt zum Eingang. Doch dort war außer einer etwas verwirrt wirkenden Lisa niemand zu sehen.

Mir selbst war sofort klar, was passiert war: Doris hatte mein Nicken als Startsignal verstanden und wähnte das Brautpaar vor der Tür. Wie hätte sie das auch anders verstehen sollen?

Was nun? In meiner Verzweiflung versuchte ich, Doris irgendwelche Zeichen zu geben. Doch vergeblich: Doris spielte und spielte. Übrigens hatte sie für den Einzug gleich zwei Stücke ausgewählt, eins für das Brautpaar und eins für den Täufling. Sollte mir dieser Umstand eine Gelegenheit bieten, sie auf halber Strecke zu stoppen?

Ich versuchte also, mich nach dem ersten Stück vernehmbar zu machen, so dezent wie möglich, doch so laut wie nötig – doch keine Chance: Die Organistin war jetzt nicht zu bremsen. So begann das zweite, noch längere Stück. Insgesamt dauerte die Eingangsmusik gut fünf Minuten. Für mich war es eine gefühlte Ewigkeit.

Für die Gemeinde sicher auch, wie mir plötzlich siedend heiß einfiel. Die stand ja immer noch! Schleunigst gab ich das Zeichen, wieder Platz zu nehmen.

Von nun an beschäftigte mich vor allem eine Frage: Wird das Brautpaar jetzt womöglich mitten während des Eingangsstücks auftauchen – oder, noch schlimmer: pünktlich zum Schlussakkord? Hoffentlich nicht! Hoffentlich ließ sich der Enno beim Trinken schön viel Zeit!

Er tat mir den Gefallen. Die Orgel verklang. Ich kommentierte: „Szenen einer Ehe: Missverständnisse kommen vor. Die Organistin ist übrigens meine Frau. Wir warten weiter." Allgemeines Gelächter.

Schließlich tauchte die Trauf-Familie auf. Die Orgel erklang erneut, und jetzt konnte auch ich die Eingangsmusik genießen.

Im Nachhinein muss man sagen: Es hätte kaum besser laufen können. Die Wartezeit auf das Brautpaar war mit feierlicher Musik und fröhlichem Lachen gut gefüllt, und als es dann richtig losging, war die Stimmung gelöst. Manchmal liegen Bruchlandung und Höhenflug eben nahe beieinander.

Osterbesuch in der Quarantänestation

In den Jahren 2020-2022 hat Corona unser Leben kräftig durcheinandergebracht – selbst dann noch, als wir längst geimpft, geboostert und die meisten Beschränkungen aufgehoben waren. Aber man durfte sich eben immer noch nicht in Sicherheit wiegen. Das mussten im April 2022 auch meine Schwiegereltern schmerzlich erfahren.

Geplant war eine Woche mit Kindern und Enkeln von nah und fern. Der Sohn Falk war mit seiner Familie bereits Mittwochnacht aus Bayern angereist. Die Freude des Wiedersehens war groß, ganz besonders natürlich bei den Enkelkindern. Marie und Theo finden ja sowieso, dass man bei Oma und Opa viel besser Ostereier suchen kann als zuhause in der Stadt. Der Braten war gekauft, die Brötchen waren bestellt... Ostern konnte kommen.

Getrübt wurde die Freude nur durch eine Erkältung meiner Schwiegereltern. Moment, eine Erkältung? Mit Husten und Kopfschmerzen und Mattheit? Sind das nicht eigentlich die typischen Corona-Symptome? Auf den Gedanken waren die beiden noch gar nicht gekommen. Aber Falk, der schon. Und so machten sie dann doch mal einen Test. Das Ergebnis: positiv!

Also reiste die Familie wieder ab. Bei Marie und Theo flossen Tränen, und bei Oma Heide hörten sie gar nicht mehr auf, zu fließen. Nach all den Einschränkungen und Ausfällen größerer Familienfeiern in den letzten Jahren war das einfach etwas zu viel – ausgerechnet jetzt, wo man endlich wieder unbeschwert feiern wollte.

So stellten wir uns wohl oder übel auf ein weiteres minimalistisches Osterfest ein. Doch dann hatte meine liebe Frau eine Idee…

Wir packten Osterkuchen, Kaffee und Geschirr zusammen und fuhren zu den Schwiegereltern. Während Doris heimlich die Osternester für alle versteckte, vertrat ich mir mit Katja und Vika, unseren ukrainischen Mitbewohnerinnen, ein bisschen die Beine. Beide waren geradezu überwältigt von der aufblühenden Natur auf dem Land.

Und dann überraschten wir Heide und Walter mit einer Instrumentalversion des Osterliedes „Er ist erstanden". Auch hier war die Überwältigung offensichtlich. Sie konnten es kaum fassen, dass sie nun doch nicht alleine feiern mussten. Den Abstand mussten wir freilich einhalten. So saßen Doris, Katja, Vika und ich auf der Terrasse, während Heide und Walter im Wohnzimmer saßen. Nur beim Austausch von Kuchenstücken – auch Heide hatte natürlich gebacken – kamen wir uns kurz nahe. Aber selbst Walters Kaffeetasse wurde durch den schmalen Spalt der gekippten Terrassentür hindurch von außen befüllt – ein Spaß, den auch der Walter amüsiert mitmachte.

Er sagte: „Also den 17. April 2022, den müssen wir uns merken" – seine Art zu sagen: Das war ein ganz besonderer Tag.

Der Rest ist schnell erzählt: Alle fanden ihre Osternester – und noch einmal Überwältigung, vor allem bei Katja und Vika, die staunten, wie reichlich sie bedacht worden waren, auch von Heide und Walter. Nachdem wir uns von den Corona-Patienten mit Herz und Abstand verabschiedet hatten, machten wir mit Katja und Vika noch einen Spaziergang auf den Cottaer Spitzberg, den Hausberg des Ortes. Es wurde viel geredet und gelacht, und die Bewegung an der frischen Frühlingsluft tat allen gut.

Nach all der Anspannung der letzten Wochen, vor allem auf Seiten unserer ukrainischen Gäste, lag da wirklich so etwas wie Auferstehung in der Luft. Es war unser ganz persönliches Ostererlebnis.

Mission to the North[6]
– Besuch aus Papua-Neuguinea

Einer der Tage, die ich wohl nie vergessen werde, ist der 13. September 2022. Was da geschah – für mich war es ein Wunder.

Es gibt eine Partnerschaft zwischen Sachsen und Papua-Neuguinea. 2019 war eine sächsische Delegation in PNG. 2020 sollte der Gegenbesuch von Verantwortlichen in der dortigen Jugendarbeit in Sachsen stattfinden. Doch dann kam Corona, und es ging gar nichts mehr. Also haben wir die Maßnahme auf 2021 verschoben. Doch 2021 war Corona immer noch da. Also gut, dann eben 2022. Im Mai 2022 wäre es coronatechnisch endlich wieder möglich gewesen, doch diesmal machte uns die Bürokratie einen Strich durch die Rechnung: Die Visa für die Delegation aus PNG kamen zu spät!

---

[6] Missionsgesellschaften wie das Leipziger Missionswerk verfolgen den Ansatz einer „Mission to the North": Christen aus dem globalen Süden kommen in den säkularisierten Norden und legen hier ein Zeugnis ihres oft sehr lebendigen Glaubens ab.

Also musste die Maßnahme erneut verschoben werden, diesmal auf September. Wieder ließen die Visa lange auf sich warten. Doch am Morgen des 13. September kam endlich die ersehnte Nachricht: Die Visa sind da!

Nun herrschte jedoch inzwischen Krieg in Europa und in der Folge waren die Flugkosten explodiert. Plötzlich sollten die Flüge insgesamt fast 9.000 Euro mehr kosten! 9.000 Euro, von denen wir nicht wussten, woher wir sie nehmen sollten. Wir überlegten hin und her und riefen hier an und dort an. Doch keine der Türen, an die wir klopften, öffnete sich weit genug. Also beschlossen wir schweren Herzens, die ganze Sache abzublasen. Wohlgemerkt: Eben noch hatten wir die Tatsache gefeiert, dass die Visa jetzt da waren – zwar auf den wirklich allerletzten Drücker, aber egal: jetzt waren sie eben da – Halleluja! Und dann, gerade mal eine Stunde später, die Kehrtwende! Aus und vorbei!

Glücklich war mit dieser Entscheidung niemand. Doch einer war besonders unglücklich: Matthias Tröger, ehemaliger Missionar in PNG. Auf seine Initiative hin hatten wir den Austausch geplant. Am selben Tag, kurz nachdem wir die Entscheidung getroffen hatten, traf sich sein Gebetskreis bei ihm. Die Beter wollten natürlich wissen, was los war. Als er ihnen alles erzählt hatte, sagte einer: Das kann doch nicht sein! Weißt du was: Ich spende 1000 Euro dafür! Ein Zweiter schloss sich an: 1000 Euro auch von mir! Und dann ein Dritter. Am Ende waren 4000 Euro an Spendenzusagen zusammengekommen. Und kaum war das Treffen zu Ende, kam eine Nachricht vom Reisebüro: Es gebe doch noch eine Möglichkeit, deutlich billiger zu fliegen. Und schon waren noch einmal 5000 Euro eingespart! Innerhalb weniger Stunden war das Problem gelöst. Halleluja, noch einmal – jetzt aber richtig!

Ich hatte nicht mehr daran geglaubt. Ich hatte sogar schon die Betroffenen informiert, dass die Sache ins Wasser fällt. Und dann war plötzlich alles geklärt.

Gott sei Dank! Es ist so gut, dass die Papuas hier waren – für sie und auch für uns. Sie sind in ihrem Glauben gestärkt worden; vor allem aber sind *wir* in *unserem* Glauben gestärkt worden – durch die erfrischende, fröhliche Art der Gäste, aber eben auch durch die Art und Weise, wie die Begegnung trotz allem doch noch zustande kam.

Bunte Hunde in der „Schwarzen Szene"

2023 war ich zum ersten Mal mit zwei Kollegen beim Wave Gotik Treffen in Leipzig. Als Talarträger fühlten wir uns in der „Schwarzen Szene" wohl – auch wenn sich die Berührungspunkte, abgesehen vom Farbcode, in Grenzen hielten. Wenn man ehrlich ist, waren wir unter all den Goths trotz des schwarzen Outfits schon reichlich bunte Hunde. Wir waren zwar nicht die einzigen in Kirchentracht, aber die einzigen echten. Das sah man uns wohl auch ein bisschen an. Jedenfalls wurden wir mehr als einmal gefragt: „Seid ihr echt?" Und wir so: „Aber ja. Wir sind hier die echten!"

Unser Interesse galt übrigens weniger dem Viktorianischen Frühstück oder dem Leichenwagen-Corso – vielmehr wollten wir auf dem WGT das anbieten, worauf wir uns verstehen: Segnung und Fußwaschung, als Ausdruck der Zuwendung Gottes. So trug jeder von uns über dem Talar ein Schild mit der Aufschrift „Free Blessings" – kostenloser Segen. Wir waren gespannt, was passierte.

Es dauerte gar nicht lange, da ließ sich ein Goth-Pärchen aus Frankreich von uns die Füße waschen. Beim Waschen kamen wir miteinander ins Gespräch, auch über Gott und die Welt. Vor allem die

Frau war an Gott wirklich interessiert. Nachdem wir uns voneinander verabschiedet hatten, kamen sie bald noch einmal zurück; die Frau drückte mir zehn Euro in die Hand und fragte nach meiner Telefonnummer. Seitdem schreibt sie mir gelegentlich, vor allem dann, wenn sie wieder irgendwo auf Christen gestoßen ist oder etwas Besonderes in einer Kirche erlebt hat.

Bemerkenswert war auch die Begegnung mit zwei jungen Männern, die vor mir am Toilettenhäuschen anstanden. Sie trugen pseudomilitärische Phantasie-Uniformen, bestückt mit Totenköpfen und okkulten Symbolen. Einer von beiden deutete auf mein Schild „Free Blessings". „Eine schöne Botschaft", meinte er. Daraufhin fragte ich ihn nach dem auf der Spitze stehenden Pentagramm an seiner Uniform. „Ach, das? Ich fand einfach, dass es schön okkult aussieht; aber ich weiß gar nicht richtig, was es bedeutet. Das ist mir auch ehrlich gesagt egal." Wir unterhielten uns noch eine Weile, auch in diesem Fall über Gott und die Welt.

Als der andere im Toilettenhäuschen verschwand, fragte mein Gesprächspartner plötzlich: „Ist das eigentlich ernst gemeint mit dem Segen?" Ich sagte ja, und er so: „Okay, also würden Sie mich dann bitte segnen?" Und so segnete ich ihn – vor dem Toilettenhäuschen und unter den neugierigen Blicken der Wartenden – aber ja, warum eigentlich nicht? Es war ein bisschen wie in der biblischen Geschichte von dem Kämmerer aus Äthiopien, mit dem Philippus ins Gespräch kam und der irgendwann meinte: „Siehe, da ist Wasser; was hindert's, dass ich mich taufen lasse?" (Apostelgeschichte 8,36b)

Premium-Fall eines Schiffsmastes

Im Sommer 2024 war ich als Teil einer kleinen Crew auf einem Segeltörn auf der Ostsee. Unser Schiff war die „Elida", ein Traditionssegler, der seit vielen Jahren als „Missionskutter" die Ostsee bereist, um dort die gute Nachricht zu verbreiten.

Alles lief geschmeidig – bis eines Tages unterwegs der Besanmast, also der kleinere der beiden Masten, umfiel. Eilig rief Skipper Tim mir zu, ich solle das Steuer übernehmen, und schon war er auf dem Achterdeck, wo der Mast halb in der Luft, halb auf dem Deck „in den Seilen hing". Was war geschehen? Die Seile, die den Mast normalerweise festhalten – für die Segel-Experten: die Wanten – hatten sich gelöst, und so war der Mast einfach umgestürzt. Nachdem Tim sich vom ersten Schrecken erholt und den Mast notdürftig gesichert hatte, meinte er lächelnd: „Wir hatten Glück im Unglück: Der Mast ist echt premium gefallen." Er hatte keinen Schaden genommen oder verursacht; vor allem war er nicht ins Wasser gefallen, sondern auf dem Achterdeck liegengeblieben. So konnten wir weitersegeln, ohne auch nur das Tempo zu reduzieren.

Am nächsten Tag war Tim damit beschäftigt, das Aufstellen des Mastes zu planen.

Dann kam, wieder einen Tag später, der Zeitpunkt, da es ernst wurde. Die Crew bestand aus sieben Personen, und es hätte auch keiner weniger sein dürfen. Alle wurden gebraucht, um den Mast mit Hilfe der Ankerwinde über die Spitze des Großmastes nach oben zu ziehen, wobei er von drei Seiten gesichert und in Position gehalten werden musste. Stück für Stück gelangte der Mast so wieder in die Senkrechte. Es war Maßarbeit, wo es auf jeden Zentimeter ankam. Am Ende stand er wieder kerzengerade da. Nun brauchte er nur noch gesichert und neu bestückt werden; das war dann schon fast ein Kinderspiel.

Im Rückblick staunten wir, dass wir das ganz alleine hingekriegt hatten. Ein bisschen stolz waren wir natürlich auch – vor allem aber dankbar, denn in der ganzen Aktion sahen wir Gottes Hilfe am Werk.

Und so zeigte sich wieder einmal, dass Bruchlandungen und Sternstunden oft nahe beieinander liegen.

Der Apfel fällt bekanntlich nicht weit vom Stamm. Das gilt offenbar auch für die Gabe, originelle Missgeschicke zu erleben. Bei uns scheint das jedenfalls in der Familie zu liegen.

Zwei besonders schöne Bruchlandungen aus dem Fundus meines Vaters sind so schön, dass ich sie der geneigten Leserschaft nicht vorenthalten kann.

Magdeburger Halbkugeln mit Haken

Als junger Lehrer ließ mein Vater im Physiksaal des Ev. Gymnasiums Siegen in der Decke einen Haken anbringen. Es schwebte ihm vor, an diesem Haken Schüler schweben zu lassen, mit Hilfe der Magdeburger Halbkugeln – freiwillig natürlich. So wollte er die Kraft des Vakuums oder eigentlich des Luftdrucks veranschaulichen, eine Kraft, die stark genug ist, Menschen fliegen zu lassen.

Eines Tages – es war ausgerechnet der Geburtstag meines Vaters! – ergab es sich, dass sich in der ganzen Klasse kein Freiwilliger für dieses Experiment fand. Also hängte mein Vater sich selbst an die Vakuumkugel. Doch er hing nicht lange: Er fiel zu Boden und mit ihm die Kugel, die ihn dann auch noch schmerzhaft am Knie traf.

Was war geschehen? Hatten die Halbkugeln etwa doch nicht zusammengehalten?

Doch, hatten sie. Nur der Haken nicht!

So war er, mein Vater, der Lehrer Bartels: Wenn es darum ging, Schülern etwas beizubringen, war ihm kein Preis zu hoch. Was sich im Übrigen auch daran zeigt, dass er trotz seinem lädierten Knie weiterhin in die Schule humpelte, um seinem Dienst nachzugehen.

Überraschungsband

Als Dieter Falk, ein Kind der Freien Evangelischen Gemeinde Siegen-Geisweid, in Dortmund das Pop-Oratorium „Die 10 Gebote" auf die Bühne brachte, waren meine Eltern begeistert. Also sicherten sich die beiden später auch gleich zwei Karten, als sein neues Oratorium „Martin Luther" angekündigt wurde.

Es war etwas merkwürdig, was da vor der Konzerthalle in Düsseldorf zusammen mit meinen Eltern so für Gestalten auf Einlass warteten. Die meisten waren sehr viel jünger, schwarz oder schrill gekleidet, und viele hatten Bierdosen in der Hand. Aber gut, warum sollte Dieter Falk nicht auch solches Publikum anziehen? Düsseldorf ist eben nicht mit dem Provinznest Siegen zu vergleichen.

Auch umgekehrt fielen den Mitwartenden die beiden Siegerländer auf. Manche drehten sich zu ihnen um und staunten: „Sie hier? Cool!" Meine Eltern verstanden gar nicht, warum das so besonders sein sollte. Vielmehr betonten sie: „Na klar! Warum denn nicht? Wir kennen den Dieter Falk gut. Der kommt ja aus unserer Gemeinde. Und in den ‚10 Geboten' waren wir damals auch schon!" „Dieter Falk? Gemeinde? 10 Gebote? Hä???" Irgendwas schien nicht da zu stimmen. Doch anstatt der Irritation nachzugehen, beschloss man, weiter zu warten – die einen mit, die anderen ohne Bier.

Irgendwann war es geschafft, und die beiden hatten den Eingang erreicht. Am Einlass wurden die Tickets entwertet, und nun befanden sie sich in der Konzerthalle. Doch was war das? Es gab keine Sitzplätze – ganz anders als die Eintrittskarte erwarten ließ. Die Leute mussten stehen, doch sie schienen sich daran keineswegs zu stören!

War das überhaupt das richtige Konzert? Eine Überprüfung der Tickets ergab: Der Ort stimmte, der Tag stimmte – nur das Jahr stimmte nicht! Man war genau ein Jahr zu früh! An diesem Tag gab es kein Oratorium. An diesem Tag gab es extraharten Metal von den Maskenmännern, genannt „Slipknot"!

Na toll! Und die Tickets waren entwertet!

Doch man erwies sich als kulant: Meine Eltern bekamen neue Tickets. Und so kamen sie doch noch in den Genuss des Luther-Oratoriums.

Von Johannes Bartels ebenfalls erhältlich:

Die Null-Euro-Tour. Ohne Geld und Sicherheit, aber mit Gottvertrauen

Die ‚Null-Euro-Tour' kommt ohne Geld und ohne Sicherheiten aus – und wird für die Teilnehmenden doch zur unbezahlbaren Erfahrung. Seit 2015 ist Johannes Bartels mit Jugendlichen jeden Sommer unterwegs auf Null-Euro-Tour. Auf der Suche nach Arbeit, Essen und Quartier ereignet sich Erstaunliches: Menschen öffnen spontan ihre Türen und ihren Kühlschrank für bis zu 20 Jugendliche, die plötzlich auf der Matte stehen. Ein frisch gebackener Vater feiert mit ihnen die Geburt seines Kindes. Und ein Hotelier präsentiert stolz seinen Tanzsaal und wird spontan zum DJ, während die Jugendlichen tanzen. Es drängt sich der Eindruck auf: Da ist jemand, der das alles arrangiert. So kommt es in all dem auch zu Begegnungen mit Gott.

"Ein absolut spannender und aufregender Reisebericht, ein Handbuch für verrückte Jugendliche und junge Erwachsene zum Nachahmen oder einfach nur zum Staunen, voll außergewöhnlicher Berichte, wie Gott schützt, trägt, durchhilft und motiviert."

Arno Backhaus

ISBN 9783842325852